ESTRUCTURALISMO, GEOGRAFÍA LINGÜÍSTICA
Y DIALECTOLOGÍA ACTUAL

BIBLIOTECA ROMÁNICA HISPÁNICA

DIRIGIDA POR DÁMASO ALONSO

II. ESTUDIOS Y ENSAYOS, 137

MANUEL ALVAR

ESTRUCTURALISMO, GEOGRAFÍA LINGÜÍSTICA Y DIALECTOLOGÍA ACTUAL

SEGUNDA EDICIÓN AMPLIADA

BIBLIOTECA ROMÁNICA HISPÁNICA
EDITORIAL GREDOS, S. A.
MADRID

EDITORIAL GREDOS, S. A.

Sánchez Pacheco, 81, Madrid. España.

Depósito Legal: M. 28742 - 1973.

ISBN 84-249-0509-1. Rústica.

ISBN 84-249-0510-5. Tela.

Gráficas Cóndor, S. A., Sánchez Pacheco, 81, Madrid, 1973. — 4134.

NOTA PRELIMINAR A LA PRIMERA EDICIÓN

Estas páginas constituyen mi contribución a dos reuniones de especialistas. El Comité organizador del XII Congreso Internacional de Lingüística y Filología Románicas me encargó la conferencia de una de las sesiones plenarias: *Estado actual de la dialectología románica.* Leí mi trabajo en Bucarest el 19 de abril de 1968. Limitada mi exposición a unos cincuenta minutos, apenas si pude esbozar los problemas planteados: las páginas de la primera parte de este libro constituyen la redacción del estudio, tan abreviadamente expuesta en el Congreso.

La segunda parte son las cuartillas que publiqué con el título de *Los nuevos atlas lingüísticos de la Romania* (Colección Filológica, XVII, Universidad de Granada, 1960), y que se agotaron hace ya varios años. Esta edición era el texto español de una comunicación que leí sobre *Les nouveaux atlas linguistiques de la Romania* en el «Colloque International de Civilisations, Littératures et Langues Romanes» (Bucarest, 14-27 de septiembre de 1959). También entonces recibí el honroso encargo de redactar una ponencia (vid. las *Actes,* Bucarest, 1959, páginas 152-182) que, al reimprimirla, es actualizada y, en algún caso, ampliada con aportaciones personales.

Estas breves consideraciones bastan para justificar la unidad del librito y el carácter complementario que tienen las dos partes independientes.

Agradezco a don Dámaso Alonso y a la Editorial Gredos la posibilidad que me dan para la reunión de estos trabajos bajo el amparo de su prestigiosa «Biblioteca Románica Hispánica».

Granada, 27 de mayo de 1968.

NOTA PARA LA SEGUNDA EDICIÓN

Agotada la primera edición de este libro en un plazo relativamente corto, no creo necesario introducir rectificaciones doctrinales de carácter fundamental; sin embargo actualizo numerosas referencias bibliográficas, intercalo algunas cuestiones más o menos marginales y —como aportación de mayor entidad— añado tres nuevos capítulos con sus mapas. Con esto creo que la obra sale no sólo puesta al día, sino enriquecida.

Mi gratitud a quienes con su estímulo me han decidido a la reedición del libro, especialmente a los colegas que la reseñaron en revistas extranjeras: Pierre Gardette (_RLiR_, XXXV, 1971, págs. 225-227), Artur Greive («Romanische Forschungen», LXXXIII, 1971, págs. 317-320), Joe Larochette («Orbis», XIX, 1970, págs. 237-241), José Joaquín Montes «Thesaurus», XXV, 1970, págs. 295-297), Jorge Díaz Vélez («Románica», III, 1970, páginas 183-187), Juan M. Lope Blanch («Anuario de Letras», IX, 1971, págs. 256-260) y José G. Moreno de Alba (_NRFH_, XX, 1971, págs. 407-410).

Madrid, 26 de febrero de 1973.

I

LAS TENDENCIAS ACTUALES

A Iorgu Iordan y a Marius Sala,
en mi otra Romania extrema.

PRESENTACIÓN

Enfrentarse con el tema que me fijó el Comité organizador del Congreso plantea ni más ni menos que intentar una historia de la dialectología románica. Porque la situación actual de nuestros estudios no es otra cosa que la historia recibida o la historia que estamos haciendo, pero será difícil aislar una de otra. Al pensar en esa «situación actual» no podremos desentendernos de una metodología que viene actuando desde atrás, y al hablar de «estudios dialectales» tampoco podremos hacer abstracción de otros estudios lingüísticos. Planteadas las cosas en un campo de principios muy relativos, voy a exponer el alcance de este trabajo:

1) Consideraré los estudios que por más cercanos a nuestras fechas pueden tener interés para indicar hacia qué campos se orienta la aguja de la dialectología; el límite *ad quem* rara vez pasará del año 1950, aunque me haga cargo —por razones históricas o metodológicas— de planteamientos que vienen de más lejos.

2) Al pensar en la «situación actual» creo defendible el estudio —tan sólo— de trabajos realizados con una metodología distinta de la tradicional, aunque ésta siga viva y operante en nuestras actividades. Por eso, en la exposición que sigue prescindiré de los estudios que como los fonéticos, los históricos o los geográfico-lingüísticos responden a unos postulados

que vienen de la primera mitad de este siglo, o acaso de antes.

3) Sin embargo, no se me oculta cuán falaz es practicar cualquier suerte de fáciles dicotomías. La fonética experimental, por muy avanzados que estén sus recursos y por muy sutiles que puedan ser ahora sus apreciaciones, no deja de ser subsidiaria del gran hallazgo de Rousselot y seguidores. Pero me veo obligado a incluirla en este momento porque recientemente ha creado un tipo de encuesta distinto del tradicional y, en el entusiasmo de algunos neófitos, opuesto a él. Me parece necesario demorarme para poner cierto orden en un júbilo desmesurado.

4) No trato de geografía lingüística, sino marginalmente, y como contrapunto de las últimas tendencias de la investigación. Bien sé cuánto ha significado la geografía lingüística para el progreso de nuestra ciencia, y nadie podrá negarme el entusiasmo con que la practico. Pero mi fe en ella no me permite ver que lo que hacemos hoy es, con enormes progresos, ¿quién lo duda?, lo que inventó Gilliéron. Pero frente a la fonética experimental, que ha querido romper con la dialectología, por remoquete llamada tradicional, la geografía lingüística de hoy es ortodoxamente gilliéroniana y ortodoxamente tradicionalista. Porque tradición no es repetir lo viejo, sino hacer vivir juvenilmente unos principios que se estiman válidos. Así veo la revolución del *AIS* y la de los Atlas regionales, por muy distintos que sean del *ALF*. De todo ello me ocupo en la segunda parte de este libro.

5) Mi trabajo se limita, pues, a presentar dos órdenes de estudios: unos, teóricos; otros, de encuesta. En los primeros incluyo los que tienen carácter estructural y en relación íntima con ellos los dialectológicos. Después, considero los frutos de una naciente sociología lingüística sin olvidar su conexión con

los hechos estructurales[1] y la valoración actual del concepto de dialecto: estos trabajos[2] y los anteriores forman un conjunto relativamente unitario. Aparte queda la metodología llamada de «encuesta directa», cuyo carácter, necesariamente, no es especulativo.

He intentado aplicar estos principios al mundo hispánico en trabajos de orientación teórica o de inspiración práctica: *Polimorfismo y otros aspectos fonéticos en el habla de Santo Tomás Ajusco, México* («Anuario de Letras», VI-VII, 1966-1967, págs. 11-41), *Nuevas notas sobre el español de Yucatán* («Ibero-romania», I, 1969, págs. 159-190, especialmente las 184-190), *Un problème de langues en contact: la frontière catalano-aragonaise* («Travaux de Linguistique et Littérature de Strasbourg», IX, 1971, págs. 73-84), *Bilingüismo e integración. Comentarios hispanoamericanos* («Revista española de Lingüística», I, 1971, págs. 25-57), *Sociología en un microcosmos lingüístico. (El Roque de las Bodegas, Tenerife)* («Prohemio», II, 1971, págs. 5-24), *Niveles socioculturales en el habla de Las Palmas. Las Palmas de Gran Canaria, 1972.*

---

[1] W. Bright, *The dimensions of Sociolinguistics*, en el libro *Sociolinguistics*, editado por él mismo (The Hague-París, 1966, pág. 11), y W. Labov, *Hypercorrection by the Lower Middle Class as a Factor in Linguistics Change*, en el mismo libro, pág. 85.

[2] Cfr. M. Alvar, *Hacia los conceptos de lengua, dialecto y hablas* (NRFH, XV, 1961, págs. 51-60).

ESTRUCTURALISMO Y DIALECTOLOGÍA

Desde que Weinreich publicó su llamativo estudio *Is a Structural Dialectology Possible?*[1] se viene planteando la necesidad de romper con los moldes tradicionales de la elaboración de los estudios dialectales. El planteamiento de hechos formulado por Weinreich se basa en el habitual divorcio que hay entre los trabajos de uno y otro campo: la dialectología había quedado anquilosada en unos planteamientos tradicionales que le impedían salir de los límites que a sí misma se había marcado. No de otro modo se expresaba un representante poco adepto al estructuralismo. Iorgu Iordan, en la *Conclusión* de su gran *Lingüística románica*, ha escrito: «[la romanística] ... hoy no tiene ya la situación privilegiada de «directora» de las demás filologías... Incluso se puede decir que se ha rezagado. No sólo desde el punto de vista de la renovación de sus propias concepciones y métodos, sino también de la asimilación de algunas de las innovaciones introducidas en la lingüística por los representantes de otras disciplinas»[2]. Si estas palabras se refieren a la lingüística románica en general, la dia-

---

[1] *Word*, X, 1954, págs. 388-400. Años después, P. Ivić reconocía que «neverthles dialectology still remains one of the linguistic disciplines that has been least affected by the changes brought about by the structuralist trend» (*On the Structure of Dialectal Differentiation*, en *Word*, XVIII, 1962, pág. 34). Ahora es imprescindible ver Jan Gossens, *Strukturelle Sprachgeographie. Eine Einführung in Methodik und Ergebnisse* (Heidelberg, 1969) y Manlio Cortelazzo, *Avviamento critico allo studio della dialettologia italiana*, I (Pisa, 1969, págs. 122-137).

[2] *Lingüística románica*, Madrid, 1967, pág. 675.

lectología no ha salido mejor parada: «Aferrada, en general,
a viejos moldes de estudios, la dialectología se recoge hoy sobre
sí misma, o se refugia en el campo etnográfico, sin decidirse
a exigir voz y voto en la asamblea de la lingüística general moderna»[3]. Acaso al emitir juicios como éstos se está pensando
de una forma unilateral; dejando aparte las metáforas, se
piensa que la aparición de unos nuevos métodos significa que
otros —más o menos tradicionales— han periclitado ya: planteamiento parcial de la cuestión. Porque la misión de un método no acaba con la aparición de otro, sino que puede coexistir
con él y aun reelaborarse dentro de sus propios condiciona-
mientos. Dudo que la geografía lingüística —pongo por caso—
sea una etapa superada de la ciencia del lenguaje: mal se expli-
caría su extraordinario florecimiento actual y la aparición de
nuevos métodos de trabajo dentro de unos moldes que pudiéramos llamar tradicionalistas (por ejemplo, los atlas regionales). No creo que la dialectología deba verse hoy como una
especie de discusión bizantina, cuando unos presuntos enemi-
gos combaten ·esta Constantinopla ideal. Los esquemas fijos,
la limitación de miras y, añadiría, el puro nominalismo, e incluso verbalismo, está en todas partes: no es lícito comparar
trabajos de principiantes con las aportaciones teóricas de una
escuela diferente, porque las categorías que entran en el cóm-
puto son heterogéneas; ni se puede tildar como demérito la
relación con otros campos de trabajo. Yo no me atrevería a
decir que hacia ellos se retira la dialectología como buscando
los cuarteles de invierno que le permitan sestear sin zozobras.

En un momento determinado, la dialectología se convirtió
en la disciplina directriz de los estudios lingüísticos. Que haya
dejado de serlo no significa su anquilosamiento. Y se olvida
otra cosa: cómo fertilizó nuestros propios estudios permitiendo

---

[3] Diego Catalán, *Dialectología y estructuralismo diacrónico* (en la
Miscelánea Homenaje a André Martinet. «Estructuralismo e Historia». La
Laguna, 1962, t. III, pág. 69).

el desarrollo de concepciones tácitas o expresamente ampara-
das en ella. Pienso, por ejemplo, los variadísimos problemas
del polimorfismo, tan significativos desde el punto de vista estructural, y los que atañen a la sociología lingüística. Nada de
extraño hay en ello. Jakobson ha señalado supervivencias de
viejas ideas en los lingüistas de escuelas muy poco naturalistas [4] y se ha visto también cómo ciertos estructuralistas norteamericanos no son otra cosa que «mecanicistas», con lo que
venimos a ver resucitar el neogramaticismo más positivista en
la revista *Language* [5]. Si viven aún, con nombre distinto, escuelas que, al parecer, estaban perdidas en el tiempo, no llama
la atención que la dialectología tenga todavía bastante que decir. Porque los métodos tradicionales, adaptados a las exigencias de nuestro tiempo, no están exhaustos: muchos dialectos
románicos quedan por inventariar y conocer, y sin la posesión
de esos datos inmediatos carecería de sustento cualquier clase
de especulación ulterior.

Por otra parte, negar a la dialectología —o a la lingüística
en general— su entronque con otras disciplinas puede no ser
motivo de progreso. Naturalmente que no pretendo olvidar que
la dialectología es una disciplina lingüística; tan sólo quiero
señalar cómo por muy cerrada que sea la estructura de una
lengua siempre hay elementos o procesos íntegros que sólo se
pueden explicar desde la historia o desde los otros integrantes
culturales, a los que no se debe renunciar si no queremos mu-
tilar nuestro propio conocimiento. Y a este sentido quiero recordar un testimonio aducido por Giuseppe Francescato en un
trabajo al que me volveré a referir: «no se ve especial utilidad,
por ejemplo, en comparar el italiano y el tunica, lengua india
de Norteamérica, por más que en las dos se dé un mismo sis-

---

[4] *Sur la théorie des affinités phonologiques entre les langues,* apud
traduc. francesa de los *Principes* de Trubetzkoy, pág. 352.

[5] Son conceptos de Spitzer contra Bloomfield y seguidores (vid.
I. Iordan, *Lingüística románica,* ya citada, págs. 230-231).

tema vocálico»[6]. Tan baladíes resultan trabajos de este tipo
como los «tradicionales» que tan justamente reprueba Diego
Catalán. Bien es verdad que, a fuer de sinceros, hemos de reconocer que un estructuralista, E. Pulgram, había censurado
la aplicación del concepto de *diasistema* a comparaciones como
la del italiano y el tunica, a que acabo de hacer mención[7]. Por
lo demás —*nihil novum sub sole*—, considerar el estudio de la
lengua por procedimientos únicamente lingüísticos es, en cierto
modo, lo que postularon Spitzer, al defender el principio etimológico de que cada palabra debe explicarse *con* y *por* la
lengua en que existe, antes de recurrir a otras, y Malkiel, al
justificar su procedimiento de investigar las *Word Families*[8]
desde dentro de la lengua, sin aislar la voz del conjunto a que
pertenece, sin cortes de la materia léxica, sin limitaciones sociales o cronológicas, etc.; esto es, el carácter casi exclusivamente lingüístico de su método exige que la lingüística resuelva
sus propios problemas, mejor que buscar soluciones en otros
campos.

Ahora bien, esta consideración cerrada de los sistemas sólo
es posible en el relativo estatismo que produce la nivelación.
Pero es difícil comprender que todo el material que la dialectología acopia se pueda incluir en «estructuras cerradas», salvo
que sacrifiquemos las variantes que nos parezcan asignificativas, pero en cuyo estado embrionario puede marchar inserto
el proceso evolutivo de un sistema. G. Devoto y A. Martinet,
al criticar las doctrinas de Hjelmslev, «han señalado los riesgos que implican la reducción de la lingüística a una álgebra
de formas vacías y el desconocimiento de toda sustancia fó-

---

6 *Structural Comparison, Dyasistems and Dialectology* (*ZRPh*, LXXXI,
1966, pág. 486).

7 El trabajo de Francescato al que me he referido en la nota anterior es un comentario al de Pulgram que, con el mismo título, se publicó en *Linguistics*, IV, 1964, págs. 66-82.

8 Vid. *Studies in the Reconstruction of Hispano-Latin Word Families*.
Berkeley-Los Ángeles, 1954.

nica», según señala E. Coseriu [9]. Cierto que una cosa es tener conciencia de que «todo sistema sincrónico se basa en un equilibrio inestable, es necesariamente una abstracción», y otra «dudar de su ineluctabilidad teórica como consecuencia necesaria de todo conocimiento científico [10], pero la dificultad, hoy por hoy, es salvar la distancia que media entre los datos y la teoría: no cabe duda que la especulación se basa en un conocimiento de hechos objetivos, y a esos hechos, para enriquecerlos, deben verterse las deducciones que la especulación ha conseguido. Creo que toda la razón está de parte de Coseriu cuando afirma que «lo importante es que [la lingüística] no se conforme con la abstracción y no se quede en ella, porque la íntima comprensión de la realidad del lenguaje podrá alcanzarse sólo en ese tercer momento de la vuelta a lo concreto» [11]. Y a este punto —pienso— se refieren los intentos de unir lingüística estructural y dialectología: los estructuralistas pasan cuentas a los dialectólogos de comparar elementos que pertenecen a sistemas distintos sin acentuar debidamente su íntima integración en tales sistemas [12]; los dialectólogos culpan a los estructuralistas de no tener en cuenta otros datos que los de sus abstracciones [13]. En este punto creo que la dialectología

---

9 *Sistema, norma y habla.* Montevideo, 1952, pág. 5.

10 *Ibidem,* pág. 6.

11 *Ibidem,* pág. 6.

12 «The main objection raised by structuralists against dialectology as usually practiced might be formulated thus: in constructing 'diasystems' it ignores the structures of the constituent varieties. In other words, existing dialectology usually compares elements belonging to different systems without sufficiently stressing their intimate membership in those systems» (Weinreich, pág. 391, § 3).

13 Ésta viene a ser la postura de Rulon Wells cuando sostiene que el único procedimiento aceptable para llegar a establecer una «estructura» es partir de los datos y no tratar de imponerla a ellos *(Is a Structural Treatment of Meaning Possible?,* apud *Reports for the Eight Int. Congress of Linguists.* Oslo, 1957, págs. 197-209). Del mismo modo, Luigi Heilmann señala con toda discreción que un inmanetismo exclusivo y riguroso cierra la posibilidad de comprender el hecho evolutivo; con lo que son tan

románica puede aportar los frutos de su experiencia: no es lo mismo estudiar el italiano que el tunica, o el francés que el último dialecto bantú. En un plano estrictamente sincrónico podrán describirse de un modo semejante todas las lenguas, pero no se podrán explicar del mismo modo todos los hechos de todas las lenguas. Porque entonces el estructuralismo vendría a caer en los mismos males que combate: haberse convertido en un conjunto de principios mecánicamente aplicables, sin tener en cuenta el desarrollo de la lengua sobre el que han actuado factores extralingüísticos [14]. Me parece ecuánime la postura de Weinreich cuando dice que «it should be noted that structural dialectology need not be restricted to historical problems to the extent to which it has been in the past. Consequences of partial differences between varieties can be synchronic as well as diachronic» (pág. 300), pero no creo que tales principios se hayan olvidado nunca por la dialectología románica; los problemas de homonimia no son otra cosa que el resultado de hechos sincrónicos, y sincrónicos son todos los problemas que estudiaré bajo la rúbrica del polimorfismo. Con otras palabras, la dialectología tradicional se había encarado con problemas generales de lingüística y los resolvió por métodos adquiridos o que ella misma se había forjado; al tener en cuenta ahora la validez de otro orden de conocimientos, los ha aplicado de acuerdo con nuevas interpretaciones, y no deja de ser cierto que, sin el conocimiento de la fonología, los he-

---

descriptivas una lingüística sincrónica de este tipo como una lingüística diacrónica tradicional, que no pudiera explicar los hechos *(Structuralisme et histoire dans le domaine linguistique italien: le vocalisme d'un dialecte typique,* en *Actes* Xe CILPhR, III, págs. 109-1092).

[14] Esta postura es censurada por los lingüistas rusos. Así O. Axmanova, en sus ataques contra el estructuralismo americano, rechaza que una lengua pueda ser estudiada sin conexión con la historia del pueblo que la habla, que se convierta en un sistema convencional desprovisto de originalidad nacional o que quede reducida a unos retazos materiales (cit. por Yury Šerech, *Toward a Historical Dialectology,* «Orbis», III, 1954, pág. 57).

chos polimórficos no se hubieran resuelto —o al menos no hubieran tenido su solución actual—. Pero la existencia de los hechos polimórficos, tal y como acreditan los dialectos románicos, viene a precisar, o a exigir precisiones, en el concepto de *idiolecto*, término introducido por los estructuralistas contra los dialectólogos tradicionales, que habían señalado la propia heterogeneidad del concepto *dialecto*. Ahora bien, si *idiolecto* es, según ciertos lingüistas norteamericanos, 'the total set of speech habits of a single individual at a given time'[15], es que buscan con esta definición aprehender un concepto que manifieste la unidad del sistema dentro de sus límites más reducidos, pero tal unidad resulta también inaprehensible. Por eso, desde un punto de vista estructural, vino a ser tan deslizante el concepto de *idiolecto* como lo fue el de *dialecto* para los tradicionalistas[16]. Francescato[17] no ve que haya límites «lingüís-

---

15 Weinreich, *art. cit.*, pág. 389. Sin embargo, no acepta la aplicación de esta definición a los problemas de las lenguas en contacto y al bilingüismo *(Languages in Contact. Findings and Problems* (5.ª impresión). The Hague, pág. 2, nota 3).

16 Desde otro punto de vista, E. Coseriu señala cómo el concepto de idiolecto (según lo usan B. Bloch, que lo introdujo, y R. Hall) no «resuelve las dificultades... que plantea la coexistencia de sistemas» *(Sincronía, diacronía e historia.* Montevideo, 1958, págs. 35-36). Pensemos que «A dialect, in the sense in which American scholars use it, is simply an habitual variety of a language» (R. I. McDavid Jr., *Dialect Differences and Social differences in an Urban Society*, apud *Sociolinguistics*, ya cit., página 73). Cierto que no siempre se ven así las cosas. Uriel Weinreich considera que para su propósito «it is inmaterial whether the two systems are «languages», «dialects of the same language», or «varieties of the same dialect» *(Languages in Contact*, pág. 1, § 1, 2). En cuanto a la existencia o no de dialectos es un viejo problema sobre el que no merece la pena insistir por más que P. Ivić lo resucita en términos bien «tradicionales» («the central concept of dialectology should be that of the isogloss», en *Word*, XVIII, 1962, pág. 34).

17 En el *art. cit.* y en *Dialect Borders and Linguistics Systems*, apud «Preprints of Papers for the Ninth. Intern. Congress of Ling.». Cambridge, Mass., 1962, págs. 168-173. Vid. el capital estudio de R. Jakobson, *Typological Studies and their Contribution to Historical Comparative Linguistics,*

ticos» entre _idiolecto_ (habla individual) y _dialecto_ (habla de una comunidad), sino factores extralingüísticos; es obvio decir que el dialecto supone la plena inteligibilidad entre los individuos de una comunidad, sea cual fuere la extensión de ésta, porque si no hay comprensión es que estamos ante otro dialecto. Resulta entonces que para Francescato son inútiles ciertas precisiones que dan Pulgram, Weinreich y Moulton al concepto de dialecto; para ellos, los dialectos deben pertenecer a la misma lengua, mientras que el investigador a que comento defiende no que pertenezcan a una misma lengua, sino que ellos son una lengua; de ahí que precise: _dialecto_ es la 'lengua hablada habitualmente en una comunidad lingüística', y _lengua_ viene a ser un concepto que incluye en el mismo proceso toda suerte de elementos culturales, o sea, extralingüísticos.

Desde un punto de vista estructural es importante el concepto que cada hablante tenga de su propio hablar, porque según sea «lo que cree que pronuncia» y no «lo que realmente pronuncia» podremos llevar a cabo una descripción de sus hechos fonológicos, como ha señalado Allières, a propósito del polimorfismo. Nos enfrentamos, pues, con la _dialectología sincrónica_ («synchronic dialectology»), opuesta a la _lingüística descriptiva_ («descriptive linguistics») que, con palabras de Charles F. Hockett [18], ignora las diferencias interpersonales y limita su atención a la lengua como un todo. Surgen entonces, dentro del propio estructuralismo, tendencias bien distintas que, en cierto modo, ha tratado de precisar Harry Hoijer en su _Native Reaction as a Criterion in Linguistics Analysis_ [19]. Dentro de la

---

traducido al portugués en _Fonema e Fonologia._ Río de Janeiro, 1967, páginas 87 99.

[18] _A Course in Modern Linguistics._ Nueva York, 1958, apud Labov, _The Social Stratification of English in New York City._ Washington, 1966, página 25, nota 3.

[19] En _Reports for the Eight International Congress of Linguists._ Oslo, 1957, págs. 112-121. Para él no hay ningún análisis posible sin tener en cuenta la propia conciencia del hablante ante el instrumento que maneja;

romanística, y dejando aparte los problemas que veremos más adelante, podría ser un trabajo de este tipo el de Diego Catalán sobre el *Concepto lingüístico del dialecto «chinato» en una chinato-hablante (RDTP*, X, 1954, págs. 10-27). A través de estas cuestiones llegaremos a «découvrir la part de l'individu dans l'évolution du langage», con lo que se tendería un puente entre el tradicionalista Gauchat y el fonólogo Doroszewski[20], o se abriría un portillo por el que pasar a la sociología lingüística.

Por otra parte, esa negación de las diferencias interpersonales de que habla Hockett atentaría, necesariamente, contra el concepto de *diasistema*, al menos entendiendo como tal no un «suprasistema» o un «sistema de alto nivel», sino una relación «bidialectal»[21] de cualquier tipo, lo que se ha llamado también *merged system* ('sistema de compromiso o fundido')[22] cuando se trata de dos lenguas en contacto. Pero resulta entonces que *dialecto* viene a ser lo mismo que *diasistema*[23], y no es posible intentar normalizar en un sistema lo que por naturaleza es inestable; es más, si dialecto es un concepto sustentado en la diferenciación, venimos a negar la existencia del objeto de nuestro estudio. Y cualquiera de los términos que usemos, *idiolecto, dialecto, hablares en contacto*, no hacemos otra cosa que caracterizar diferencias interpersonales que pue-

---

de ahí —y no sin reservas— piensa que los estructuralistas pueden ordenarse en dos grupos: los seguidores de Bloomfield, de una parte; los de Pike, de otra, y, en Europa, la escuela de Praga frente a la de Copenhague.

20 De este último: *Le structuralisme linguistique et les études de géographie dialectale* (en *Reports*, ya citados, del Congreso de Oslo, páginas 229-252).

21 Weinreich, *art. cit.*, pág. 390.

22 Vid. Uriel Weinreich, *Languages in Contact*, págs. 8-9.

23 «It may be feasible, without defining 'dialect' for the time being, to set ut 'dialectological' as the adjetive corresponding to 'diasystem', and to speak of dialectological research as the study of diasystems. Dialectology would be the investigation of problems arising when different systems are treated together because of their partial similarity» (Weinreich, *art. cit.*, pág. 390). Vid. también G. Francescato, *Struttura linguistica e dialetto (Actes* Xe CILPhR. París, 1965, t. III, pág. 1015).

den o no convertirse en sistemáticas, pero que son realidades que se escapan o pueden escaparse del esquematismo de cualquier normalización ajena a la vida de una lengua. Precisamente el concepto de *mezcla* que ha surgido a propósito de una definición estructural había sido captado con toda lucidez por Schuchardt cuando consideraba como tal hasta la que se produce «en las comunidades lingüísticas más homogéneas, mediante la migración de los individuos que hablan una misma lengua, de un lugar a otro, de una categoría social a otra, etc.» [42]. Hay diferencias interpersonales que, en última instancia, son las que determinan el cambio lingüístico si llegan a alcanzar un nivel suprapersonal, pero, antes de que esas diferencias lleguen a la «norma» que en un sitio rige, es necesario que hayan existido dualmente en el sujeto individual [25]. De él, por contraste con las otras suyas, personales, han irradiado hacia la comunidad, pero por el mero hecho de coexistir unas y otras en un momento determinado han vivido «en contacto», con lo que el *merged system* no es preciso que se produzca entre lenguas distintas, sino que basta su realización en un mismo individuo o en una colectividad —no importa si grande o pequeña—, y entonces estaríamos en un campo ideológico muy querido por los viejos maestros del indoeuropeísmo (Meillet), del germanismo (A. Pfalz) [26] o del romanismo (Schuchardt, Gilliéron): no hay sistema que no sea resultado de mestizaje lingüístico [27].

---

[24] I. Iordan, *op. cit.*, pág. 50.

[25] Iorgu Iordan ha vuelto a plantear la cuestión de las innovaciones individuales y colectivas, al tiempo que rechaza la idea de Meillet de que es preciso hablar de innovaciones generales y no generalizadas y defiende el distinto comportamiento que ante las innovaciones tienen los diversos sectores de la lengua: en fonética y morfología los hechos individuales no son innovaciones, sino faltas *(Inovaţii individuale şi inovaţii colective*, apud *PLG*, IV, 1962, págs. 9-17. El artículo se publicó en francés en la *RL*, VI, 1961, págs. 145-153).

[26] *Grundsätzliches zur deutschen Mundartenforschung.* Wien, 1925, página 14.

[27] Estas ideas coincidirían con la definición de *interdialecto*, tal y

Dentro de esta intención hay que situar el trabajo de Matilda Caragiu-Marioțeanu [28]. Desde un punto de vista dialectal, nada tan importante como establecer el diasistema fonológico de las hablas *no standardizadas* (las *no-koiné*), puesto que frente a las diferencias que existen entre ellas, la *discontinuidad*, es posible proceder también a poner en relieve la *continuidad* de sus rasgos comunes. En este sentido, el esquema abstracto de un. grupo de hablas abarcará dos niveles distintos: el del *sistema* (en el que han de estudiarse fonemas y morfemas) y el del *diasistema* o sistema de sistemas (en el que se insertan los *geofonemas* y los *geomorfemas;* respectivamente, fonemas y morfemas geográficos). De este modo, geofonemas y geomorfemas son las invariantes territoriales que pueden tener pluralidad de variantes dentro del diasistema. Visión ésta que se completa con la introducción en el concepto de diasistema de la visión cronológica, tal y como hace G. Francescato («Sviluppo del dialetto nel tempo») [29], con lo que surgen, inmediatamente, los conceptos de *monocronía* y *monocrónico* (es decir, contemporaneidad absoluta e independencia de la historia), mientras que podría relegarse a los hechos que manifiestan convergencia en el tiempo lo que suele llamarse *sincronía* y *sincrónico* (hechos que manifiestan convergencia en el tiempo, sin prescindir de la historia) (ib., pág. 1014).

La idea de *diasistema* como 'sistema de alto nivel' consta en Trubetzkoy: «un tel empiètement de la phonologie dialec-

---

como es formulada por B. Cazacu *(Despre noțiunea de «interdialect», SCL,* XVII, 1966, pág. 18).

[28] *Sur le dyasistème phonologique. Questions de méthode (RL,* XI, 1966, págs. 525-527).

[29] *Struttura linguistica,* ya citada, pág. 1013. J. Fourquet propuso el nombre de *lingüística estructural evolutiva* al estudio sincrónico de las áreas dialectales que exigen plantear los problemas de los movimientos lingüísticos y su propagación; habría, pues, que abandonar el inseguro término de *sincronía (Linguistique structurale et dialectologie,* apud *Festgabe Th. Frings.* Berlín, 1960, pág. 191). Hjelmslev llamó *metacronía* a la «justificación explicativa de los sistemas» (apud Fourquet, pág. 200, n. 7).

tale sur les limites des diverses langues (sans égard à la parenté linguistique) puisse être utile, cela ne fait aucun doute. Certains phénomènes phonologiques se répartissent géographiquement de telle sorte qu'ils apparaissent dans plusiers langues non apparentés, mais géographiquement voisines, ou à l'inverse manquent dans des domaines géographiques plus grands occupés par différentes langues» [30]. Tales ideas, si no se manejan con cautela, pueden conducir a notorias exageraciones. Cuando E. Lewy intentó la caracterización de las lenguas europeas en su *Der Bau der europäischen Sprachen* (Dublín, 1942), no hacía sino crear diasistemas, que Leo Spitzer [31] mostró cuán lejos quedaban de la verdad, pues a cambio de sus especulaciones, Lewy había hecho «abdicación del sentimiento histórico para las civilizaciones cuya historia se desarolla ante nuestros ojos, en favor del prehistoricismo» (pág. 117). Se me dirá que la construcción de Lewy no es estructuralista en el sentido que como tal se viene entendiendo, pero ha venido a tocar problemas del más estricto carácter estructuralista. Claus Hutterer pregunta: «¿Puede un dialecto dado ser *simultáneamente* parte de dos lenguas nacionales?» [32]. Y a renglón seguido añade: «El estructuralismo, que se coloca en un punto exclusivamente sincrónico, evitará una contestación directa a esta pregunta»; es más, cuando Ch. F. Hockett [33] muestra las dos posibilidades que pueden presentar los dialectos en sus relaciones (inmediata y bilateral de idiolectos o no) llega a comprobar un hecho evidente, pero no a resolver la pregunta formulada (Hutterer, página 16). Por eso me parecen muy prudentes estas palabras de Francescato [34], llenas de cautela y buen sentido: «Construir un

---

[30] *Phonologie et géographie linguistique* (apud **Principes de Phonologie**), pág. 349.

[31] *AILC*, II, 1944, págs. 107 127.

[32] *La geografía lingüística y la dialectología.* Montevideo, 1965, página 13.

[33] *A Course in Modern Linguistics.* Nueva York, 1959, págs. 321 y sígs.

[34] *ZRPh*, LXXXI, pág. 485. Vid. también la interpretación de *archisis-*

'diasistema' significa, de hecho, no sólo comparar dos o más estructuras dialectales que aparentemente revelan un paralelismo más o menos estricto, sino, también, poner de relieve que este paralelismo es válido tanto desde el punto de vista paradigmático como desde el punto de vista sintagmático; en otras palabras, no basta con que el inventario y la distribución de los fonemas reflejen ciertos tipos de congruencia; es necesario que unos tipos de congruencia similares se manifiesten también en la estructura de la palabra.» En tal sentido es aceptable la postura de Klaus Heger [35] cuando pretende fijar las normas mediante las cuales se pueda intentar la descripción de un dialecto en apoyos exclusivamente léxicos. No deja de ser sintomático que Heger haya escogido para hacer el análisis de esta descripción léxico-estructural un conjunto de hablas, las gasconas, en las que se cumple el encuentro de sistemas diferentes y la posible aparición de uno o varios «sistemas de fusión». Heger ha procedido por comparación (términos exclusivos del dialecto; términos que faltan en él, aunque existan en el resto del dominio lingüístico; términos que diferencian el dialecto dentro del dominio lingüístico, pero lo relacionan con otro) para establecer no sólo las diferencias de etimología, sino —con un interés mucho mayor— la «diferenciación semántica del vocabulario», pues, como muy bien dice, el vocabulario de un dialecto no es un granero de significantes, sino un sistema de significados, que se basan en un conjunto de sutiles relaciones. No deja de ser instructivo que un romanista tan apasionado por los problemas estructurales, como es Klaus Heger, al estudiar los dialectos gascones desde un punto de vista de su vocabulario llegue a unas conclusiones que firmaría cualquier dialectólogo tradicionalista: para determinar la estructura lé-

---

tema que hace Coseriu en *Sincronía, diacronía e historia*. Montevideo, 1958, pág. 32.

[35] *Kriterien sur Bewertung der lexicalischen Sonderstellung einer Sprachlandschaft* (ZRPh, LXXX, 1964, págs. 15-34).

xica de un dialecto no es suficiente con documentar las palabras que —dentro del dominio— sólo le pertenezcan a él, sino que es necesario considerar también: 1) el examen geográfico-lingüístico de los tipos léxicos; 2) los problemas teórico-lingüísticos en relación con las definiciones de las palabras; 3) las diferenciaciones históricas, lingüísticas y etimológicas con referencias a las acciones del sustrato y del superestrato.

Precisamente los notables progresos hechos por los estudios de léxico y semántica en los últimos años, a partir precisamente del Congreso de Lingüistas de Oslo (1958), y la aportación teórica de romanistas como Pottier y Coseriu, ha llevado a Gregorio Salvador al planteamiento con luces totalmente nuevas de lo que solían ser los trabajos onomasiológicos. El estudio de unos mapas del *ALEA* [36] ha venido a crear cuerpo doctrinario y teórico: así se ha demostrado la existencia de *sememas sincréticos, sememas puente* y *archisememas parciales;* la licitud de una semántica estructural aplicada a la dialectología y unos principios de orden interno que no es el momento de exponer. Pero, naturalmente, sin necesidad de romper o negar la licitud de que exista una geografía lingüística; antes bien, apoyándose en ella para poder especular, pues «los materiales que proporciona la geografía lingüística, cuando el cuestionario es denso, poseen un extraordinario valor para estudiar estructuralmente el significado» (pág. 110), «porque a la hora de situar en carriles estructuralistas la investigación semántica no conviene olvidar que una estructuración semántica se halla precisamente en la base metodológica de las exploraciones geográfico-lingüísticas» (pág. 80): los cuestionarios se ordenan, precisamente, en campos semánticos [37]

---

[36] *Estudio del campo semántico «arar» en Andalucía* (AO, XV, 1965, páginas 73-111). Véanse —además— dos tesis doctorales de gran importancia: Julio Fernández-Sevilla, *Formas y estructuras en el léxico agrícola andaluz,* y José Andrés de Molina, *Introducción al estudio del léxico andaluz* (ambas de la Universidad de Granada).

[37] Para los problemas de penetración semántica aquí tratados se

Ante unas especulaciones teóricas, no siempre homogéneas o monovalentes, la dialectología de las lenguas románicas puede aportar el caudal de una larga experiencia basada en hechos muy concretos y precisos. No creo que esto sea censurable. La tradición de la romanística nos ha hecho ver en muchos de los casos más egregios que los cuerpos doctrinales se han elaborado después de años de investigación sobre los documentos o en el campo: los hechos han creado su doctrina y no al revés. No quiero negar virtualidad o validez a éste o al otro método de trabajo: pereza mental es conformarse con una serie de preceptos e ignorar lo que no se ajuste a esas normas. No. Es necesario abrir nuestras ventanas y que entre el aire vivificador, sea de donde sea. Pero no por ello hay que olvidar una tradición que se ha ido depurando y que dista mucho de estar exhausta: porque ni siquiera se dispone de todo el material que espera —aún— a nuestra diligencia.

A lo largo de estas páginas he comentado diversas posturas decididamente estructuralistas. Cada escuela ha tenido su período de parcialidad, porque lo valiente no debe quitar a lo cortés. Pero, aun prescindiendo de todo carácter polémico, hemos visto que los lingüistas considerados hasta aquí han mostrado una rara ecuanimidad al formular sus conclusiones y no deja de ser importante que al alinear los juicios que he examinado hasta este momento sus resultados hayan sido de una justa cautela: Weinreich da la respuesta de que es posible una dialectología estructural, y aun añade que «its results promise to be most fruitfut if it is combined with 'external' dialectology without its own conceptual framework being abandoned» (página 400, § 8); Ivić afirma que la dialectología puede ser estructural no sólo considerando los modelos lingüísticos como estructuras, sino también al estudiar la estructura de la dife-

---

puede ver J. H. Greenberg, *Concerning Inferences from Linguistic to Nonlinguistic Data*, especialmente las págs. 7-14. (*Language in Culture*, editado por H. Hoijer, Chicago, 1954).

renciación dialectal *(art. cit.,* pág. 34); Francescato reconoce el valor que puede tener la dialectología estructural para resolver cuestiones pendientes de la lingüística románica (agrupación y subagrupación de las lenguas neolatinas, validez de la línea La Spezia-Rimini, etc.), pero juzga prematuro hacer afirmaciones de valor absoluto; antes bien, sólo pueden suscitarse discusiones que ayuden a aclarar las cosas o elaborarse estudios que colaboren a ello, y en un trabajo posterior [38] va más lejos: considera miopía afirmar que son incompatibles en dialectología los procedimientos tradicionales y estructuralistas, según defiende también Luigi Heilmann [39]. Especialmente significativa me parece la aportación de Diego Catalán, porque, partiendo de un ataque a la llamada «dialectología tradicional» (sería mejor decir a la «mala dialectología»), y aplicando principios estructuralistas para resolver dos problemas fonéticos del dialecto asturiano, llega a la conclusión de que si «una dialectología consciente del puesto que merece dentro de la moderna lingüística histórica debe ensayarse en trabajos experimentales que no sólo consistan en la exposición de ciertos hechos observados, sino en la *explicación* de los mismos», el «estructuralismo diacrónico... debe dar nacimiento a una «historia estructural» de las lenguas, absorbiendo toda otra posible lingüística histórica» (pág. 80). Y, a mi modo de ver, la ejemplaridad de estas conclusiones está en ser consecuencia de un análisis de dos tipos de hechos: cada uno de ellos explicable por distintos métodos, uno con el estructural y otro con el tradicional [40].

---

[38] *Struttura linguistica,* ya cit., pág. 1017.

[39] *Structuralisme et histoire dans le domaine linguistique italien: le vocalisme d'un dialecte typique (Actes* Xᵉ CILPhR, III, pág. 1102).

[40] En otro trabajo, el autor se pronuncia con idéntica cautela «a fin de llegar a resultados positivos», y combina dos métodos que estima complementarios: el geográfico lingüístico y el estructural *(El asturiano occidental. Examen sincrónico y explicación diacrónica de sus fronteras fonológicas, RPh,* XI, 1957, pág. 136).

También los métodos estadísticos se han aplicado desde un punto de vista estructural para llegar al conocimiento de las relaciones interdialectales. Así, por ejemplo, D. W. Reed y J. L. Spicer [41] los han aplicado para estudiar diversas áreas de transición en el inglés hablado en los Estados Unidos, siguiendo la fórmula de Kroeber y Chrétien, basada en *(a)* el número de elementos comunes en dos grupos de variantes, *(b)* el número que se da en el primero y no en el segundo, *(c)* el número del segundo que falta en el primero y *(d)* el número que no aparece en ninguno de ellos. La fórmula para calcular el valor *(V)* de las variantes dialectales (+ 1 representaría la identidad perfecta; — 1, la total diferenciación) sería:

$$V = \frac{ad - bc}{\sqrt{(a + b)\,(c + d)\,(a + c)\,(b + d)}}$$

Estamos una vez más ante el viejo problema de encontrar caminos. No hay uno sólo que lleve a Roma. Todos —cada uno bueno, según la planta que pise— ayudan a acercarnos a la verdad [42].

---

[41] *Correlation Methods of Comparing Idiolects in Transition Area (Laguage,* XXVIII, 1952, págs. 348-359). Para P. Ivić, «Numerical indexes will give definitive solutions in controversial cases of dialect classification», *art. cit.,* pág. 35; vid. también sus págs. 39-41).

[42] Creo que E. Coseriu ha acertado al decir que «independientemente de los errores de principio o de perspectiva en los que pueden incurrir individualmente éstos o aquellos estructuralistas y de los riesgos que implica una visión exclusivamente estructural del cambio lingüístico, el estructuralismo diacrónico presenta también limitaciones intrínsecas, debidas a las inevitables (y necesarias) reducciones en que se funda todo estudio estructural» *(Sincronía,* ya citada, pág. 123).

FONÉTICA Y FONOLOGÍA

En 1939, André Martinet publicaba la· *Description phonologique du parler franco-provençal d'Hauteville (Savoie)* [1], que después había de reelaborar ampliamente [2]. En este trabajo estaba el germen de una serie de aplicaciones que la fonología tendría en los estudios dialectales:

1) Insolidaridad de los estudios sincrónicos y diacrónicos (pág. 2, §§ 1-4).

2) Los estudios diacrónicos deben intentarse «après avoir décrit le plus exactement possible les différents stades de l'évolution du parler dont on s'occupe» (pág. 3, §§ 1-6).

3) La fonología permite observar lo esencial de lo contingente.

4) La transcripción fonológica no debe ser nunca ambigua y ha de registrar «todo lo necesario y nada más que lo necesario» (pág. 9, §§ 1-13).

Todos estos presupuestos tuvieron aplicación en estudios de carácter general dedicados a las lenguas románicas; sin embargo, tardaron en aplicarse para enumerar los rasgos de

---

[1] En la *RLiR*, XV, págs. 1-86.
[2] *La description phonologique avec application au parler franco-provençal d'Hauteville (Savoie)*. Ginebra-París, 1956. Algún investigador posterior ha usado el término de *fonología* para designar a la fonética estructural (J. Fourquet, *art. cit.*, pág. 192).

un habla concreta. Así, en P o r t u g a l no se dispuso de la descripción fonológica de un dialecto hasta que, en 1958, J. G. Herculano de Carvalho publicó el primer tomo de su *Fonologia mirandesa*[3]. La descripción de este diálecto es de singular valor, por cuanto disponía de algunos de los más viejos estudios dialectales que se hicieron en la Península Ibérica y, sobre él, se habían escrito muy importantes trabajos. Del primitivo folleto de Leite de Vasconcelos sobre *O dialecto mirandês*[4] hasta los *Estudos de Filologia Mirandesa*[5], del mismo maestro, pasaron casi veinte años. Poco después (1905), Menéndez Pidal[6] señaló el carácter leonés del dialecto y las causas que lo motivaron[7]. Así las cosas, poco volvió a trabajarse sobre estas hablas leonesas que hoy viven en territorio portugués[8] hasta que Carvalho en 1955-56 volvió a la región de Miranda a llevar a cabo sus nuevas encuestas dialectales.

El investigador portugués parte teóricamente de los presupuestos de Martinet, ya que toma como base de su estudio la realización sincrónica y deja para otra ocasión la diacrónica (página 4), taxativamente se llega a escribir: «O trabalho presente limita-se pois a ser uma descrição do sistema fonológico do mirandês normal e da sua actualização fónica» (pág. 5). Y de acuerdo con el punto 3 que he hecho en la ordenación de las ideas de Martinet, se busca únicamente el aspecto «dos fonemas encarados na sua função distinctiva» (pág. 5). En cuanto a la realización material del estudio, Carvalho sigue, también, a Martinet: la descripción de los fonemas aislados co-

---

3 El trabajo fue la «dissertação de concurso para professor extraordinário» de la Universidad de Coímbra. Vio la luz también en la revista *Biblos*, XXXVI; el t. II no se ha publicado.
4 Para la historia del trabajo, vid. Herculano de Carvalho, *op. cit.*, página 1.
5 T. I, Lisboa, 1900; t. II, Lisboa, 1901.
6 *El dialecto leonés*, en la *RABM*, XIV, 1906, págs. 128-172, 294-311.
7 Vid. la reimpresión del trabajo (Oviedo, 1962), pág. 20.
8 Vid. estudios de J. Piel y del propio Carvalho, descritos en la bibliografía de·la *Fonologia mirandesa*.

mienza por el consonantismo y, terminada la revisión de los elementos aislados, se considera el funcionamiento de los fonemas dentro del sistema. En el plano de los resultados prácticos, el autor ha mostrado —creo que con acierto— cómo un sistema triangular

de tres grados de abertura[9] tenía los fonemas intermedios con una realización en la que probablemente dominaban los timbres cerrados (pág. 102) (característica leonesa). En cuanto a las vocales átonas, la *o* tiene una existencia «extremadamente precária» y tiende a fundirse con la *u;* la *e* tiene una mayor persistencia y podríamos añadir que tal situación se confirma con la historia del leonés y con las realizaciones de *e* y *o* como vocales cerradas o semicerradas en cualquier posición en las hablas del occidente peninsular, incluido el andaluz occidental, y de algunas zonas del español de América que nos van siendo conocidas según descripciones hechas de primera mano[10]. El posible cierre de *é, ó* en *í, ú*, cumplido, por ejemplo, en sendinés (pág. 103), se da también en algunos puntos de las islas Canarias, dominio castellano fuertemente influido por el occidente peninsular[11].

---

[9] Propio de los dialectos centrales de la Península Ibérica (leonés, castellano y aragonés).

[10] Cfr. los estudios de M. Alvar sobre diversos aspectos del español de Méjico: Ajusco, Oaxaca, Yucatán, por ejemplo. No se olvide que Navarro Tomás, en el prólogo a la *Pronunciación del español de América*, de D. L. Canfield (Bogotá, 1962, pág. 9), escribió: «Un hueco que hay que rellenar, por ejemplo, es el que se refiere a las vocales, respecto a las cuales el único hecho corriente advertido es el de la relativa abertura del timbre antillano.»

[11] Cfr. de momento el cierre de *-e, -o* en *-i, -u*, señalado en *RFE*, XLVIII, págs. 316-317.

También las hablas del norte portugués fueron objeto de un trabajo de A. Galmés dedicado a un par de aspectos fonológicos [12]: la estructura de las sibilantes [13] y la igualación $v = b$ en relación con la serie oclusivo-fricativa de consonantes sonoras [14]. En la primera parte de su estudio considera las conocidas oposiciones entre la sorda apical *(passo)* y predorsal *(paço)* y, a su vez, la de cada una de ellas con sus correspondientes sonoras (apical *coser*, predorsal *cozer)*. Parece evidente que, desde un punto de vista fonético, una oposición basada tan sólo en el carácter apical o predorsal de la *s* no ha de poder mantenerse por mucho tiempo, como de hecho ha ocurrido ya en muchas hablas. Hay que pensar, pues, que la oposición debe ser reciente y convergen en ella tratamiento de las -*s*- y -*ss*- antiguas y los resultados de la desafricación de -*z*- y -*ts*-; estas -*z*- y -*ts*- serían predorsales, no apicales, como se ha supuesto (tesis de A. Alonso). En cuanto a la oposición fonológica *(b — v)*, Galmés cree que ha surgido tardíamente; cuando la *v* semivocal *(= w)* entró a formar correlación con las fricativas [δ] y [γ]: en la Romania Oriental, donde no hubo sonorización de -*p*-, -*t*-, -*k*-, ni fricatización de -*b*-, -*d*-, -*g*-, la *v* sonora bilabial se estructuró pronto como pareja de la *f* sorda. En la Romania Occidental, la lenición permitió que la [β] formara serie con las [δ] y [γ], mientras que, en francés, donde desaparecieron las fricativas sonoras salvo la [β], este elemento aislado vino a constituir sistema con la *f*, tal y como había ocurrido en el oriente románico [15].

---

[12] *El arcaísmo fonológico de los dialectos del norte portugués y su importancia para la lingüística románica general (BFil,* XX, 1961, páginas 19-30).

[13] A este problema dedicó un valioso libro, *Las sibilantes en la Romania.* Madrid, 1962.

[14] Véase también A. Alonso, *De la pronunciación medieval a la moderna en español,* Madrid, 1955, págs. 23-72, y D. Alonso, *B = V, en la Península Ibérica,* apud *ELH,* Suplemento al t. I, págs. 155-209.

[15] El portugués común había merecido algunas visiones de conjunto inspiradas en los métodos fonológicos. En 1949, J. Mattoso Câmara pu-

Las hablas criollas portuguesas cuentan con la descripción fonológica de su vocalismo hecha por J. G. Herculano de Carvalho [16]. Hay en ellas nada menos que cuatro sistemas vocálicos dotados de siete o diez vocales orales y, en posición final, otras cinco nasales. Todos estos sistemas proceden del portugués con siete fonemas y cuatro grados de abertura:

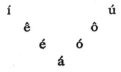

En posición átona, las unidades fonológicas del vocalismo caboverdiano han sufrido una reducción a cinco /i e a o u/ y, en final, a tres /i a u/ (islas de Sotavento) o una /a/ (islas de San Vicente y San Antón) [17].

blicó en el *Boletim de Filologia* de Río de Janeiro (t. III, págs. 1-30) dos capítulos de su tesis de Letras *(Para o estudo da fonêmica portuguêsa)*, que, unidos a otro sobre *A rima na poesia brasileira*, se reeditaron en la «Coleção Rex» (Río, 1953), y H. Lübtke, en el *BFil* de Lisboa (XIII, páginas 273-288, y XIV, págs. 197-277), dio a luz su *Fonemática portuguesa*. Vid. también J. M. Morais G. Barbosa, *Études de Phonologie Portugaise*. Lisboa, 1965. En algún momento interesa a la fonología el artículo de M. Companys, *Quelques remarques sur le phonétisme français et le phonétisme portugais (BFil,* XVIII, 1959, págs. 115-122, especialmente las 115-117).

[16] *Le vocalisme atone des parlers créoles du Cap Vert (BFil,* XX, 1961, páginas 3-12) y *Sincronia e diacronia nos sistemas vocálicos do crioulo caboverdiano* (apud *Estructuralismo e historia. Miscelánea homenaje a A. Martinet,* t. III, 1962, págs. 43-67). Puramente descriptivo es el trabajo de Mary Louise Nunes, *The Phonologies of Cape Verdean Dialects of Portuguese (BFil,* XXI, 1962-63, págs. 1-56).

[17] El portugués del Brasil mereció dos estudios fonológicos de R. Hart Jr. *(Units Phonemes in Brazilian Portuguese. Studies in Linguistics,* I, núm. 15) y *Ocurrence and Ortographical Representation of Phonemes in Brazilian Portuguese* (ib., II, núm. 1). Antonio Houaiss dedicó un valioso y minuciosísimo estudio al sistema vocálico del ámbito de Río de Janeiro, pero su postura es exclusivamente formalista y no estructural; baste copiar las primeras palabras del trabajo: «Partindo do fonema como termo final unitário da análise dos componentes audíveis da cadeia falada, é de crer que se possa fazer a síntese compreensiva

Los dialectos e s p a ñ o l e s han motivado diversos trabajos cuya sistematización puede ordenarse en dos grupos principales: (*a*) descripción fonológica de hablas vivas; (*b*) estudio
de fenómenos aislados y su repercusión sobre el sistema.
—Diego Catalán, partiendo de materiales «tradicionales», intentó la descripción fonológica de todo un sistema dialectal[18].
Yendo más allá de la descripción puramente fonética, pudo fijar
la existencia de cuatro variedades muy bien caracterizadas por
el empleo de sendos sistemas fonológicos. Pudo, además, establecer algunos principios generales de indudable interés, tales
como los de la presencia invasora de las soluciones supra-regio-
nales, frente a lo que es propio de las modalidades locales; la
penetración fonética local en la norma regional y la solución
estructural de algunas diferencias (sistema de *ll-* : *ch-* contra
sistema de *ll-*; sistema de *ts-* = *ch-* contra sistema de *ts-*, por
ejemplo) y social (oposición de *xaldos* o aldeanos contra *va-
queiros de alzada* o habitantes de las brañas).

También a este grupo de estudios pertenece *El bable de
las descripciones funcionales se apoyan en exactas descripciones
Bimenes* de M.ª Cristina García Álvarez[19]. Trabajo en el que
fonéticas[20]. El vocalismo, tanto por el grado de abertura como
por el timbre, no difiere del castellano, pero presenta un

---

do sistema de cadeia falada» (*Tentativa de descrição do sistema vocálico
do português culto na área dita carioca*, en los *Anais do primeiro congresso brasileiro de língua falada no teatro*. Río, 1958, pág. 217).

[18] *El asturiano occidental. Examen sincrónico y explicación diacrónica
de sus fronteras fonológicas* (*RPh*, X, 1956, págs. 71-92, y XI, 1957, páginas 120-158). Del mismo modo actuó J. P. Rona en su obra *El dialecto
«fronterizo» del norte del Uruguay*. Montevideo, 1965.

[19] Como tesis doctoral se leyó (1959) en la Universidad de Oviedo. Según mis noticias, se han publicado los capítulos de la obra *La inflexión
vocálica en el bable de Bimenes* (*Boletín Instituto Estudios Asturianos*,
número 41, 1960, separata de 20 págs.) y *Morfología verbal en el bable de
Bimenes* (*AO*, X, 1960, págs. 405-424).

[20] Citaré por el ejemplar mecanografiado que poseo, corregido por
la autora.

subsistema en el que las vocales *a, o, e* se reducen a *o, u, i* cuando en posición final hay *-i, -u* (págs. 28-29). Ahora bien, las *a, o, e* no sufren metafonía si no hay vocales extremamente cerradas en fin de palabra (ej.: *matarlo* = dial. *matalu* > *matolo*, pero el dial. *matala* se mantiene), hay que considerar esas *o, u, i* inflexionadas no como fonema, sino como variante combinatoria —añadiría, de distribución fija— de los archifonemas /A, O, E/. De este modo resulta que el sistema vocálico de cinco elementos queda reducido a tres tanto en posición final (por el cierre de *-e* y *-o* en *-i, -u)* como acentuada, siempre que se produzca la metafonía (pág. 32). Dentro del consonantismo, el habla de Bimenes distingue fonológicamente algunos elementos perdidos en castellano, como la aspirada y la prepalatal fricativa sorda, pero en tanto la *h* no es sino variante combinatoria de *f* (aparece *h* ante *we, wi),* *š* se opone a *s* dentro del grupo de las fricativas sordas (págs. 39-41) [21].

La aplicación de los principios fonológicos se ha practicado, sobre todo, en el gran complejo de las hablas meridionales. El desgaste fonético, la aparición de recursos desconocidos por el castellano común para remediar las quiebras del sistema, la falta de tradición científica sobre estos dialectos, todo ello hizo que la fonología pareciera útil para resolver los complejos problemas planteados. Antonio Llorente ha intentado una visión de conjunto sobre el dialecto andaluz, y muchas de sus observaciones son válidas para el canario o el español de América [22], por más que haya preferido limitarse a consideraciones fonéticas, y sólo parcialmente, y en menor medida, a las fonológicas.

---

[21] Al dominio leonés pertenece también la monografía de G. Salvador, *Encuesta en Andiñuela (AO,* XV, 1965, págs. 190-255), donde la fonología no se desdeña, pero cuyo valor fundamental está en los planteamientos metodológicos del trabajo: validez del cuestionario, frente a la anarquía del no usarlo.

[22] *Fonética y fonología andaluzas (RFE,* XLV, 1962, págs. 227-240).

La caída de la -*s* final y su repercusión en el sistema es la cuestión fonológica que se ha debatido con más interés en los últimos años dentro del dominio español. El planteamiento del problema se formuló por Navarro Tomás dentro de unos límites estrictamente fonéticos por más que usara el término *fonema* en el título [23]. Sucesivas apreciaciones del problema lo fueron llevando hacia un campo estrictamente fonológico: así D. Alonso, A. Zamora y M.ª J. Canellada [24] vieron ya con claridad el funcionamiento del cierre vocálico (singular) opuesto a la abertura (plural), que se da en la Andalucía Oriental, y G. Salvador [25], M. Alvar [26] y E. Alarcos [27] trataron de estructurar el sistema dialectal de las vocales. Para Salvador, el sistema sería triangular con seis grados de abertura:

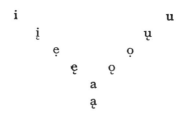

Mientras que para Alvar es cuadrangular con cinco grados de abertura:

---

[23] *Dédoublement de phonèmes dans le dialecte andalou (TCLP,* VIII, 1939, págs. 184-186) y en español, con algunas adiciones, *Desdoblamiento de fonemas vocálicos (RFH,* I, 1939, págs. 165-167).

[24] *Vocales andaluzas. Contribución al estudio de la fonología peninsular (NRFH,* IV, 1950, págs. 209-230).

[25] *El habla de Cúllar-Baza (RFE,* XLI, 1957, págs. 181-187, especialmente).

[26] *Las encuestas del Atlas Lingüístico de Andalucía (PALA,* I, 1, 1955. páginas 6-14) y *Las hablas meridionales de España y su interés para la lingüística comparada* (ib., I, núm. 2, Granada, 1956).

[27] *Fonología y fonética (AO,* VIII, 1958, págs. 191-203).

```
      i          u
      i̯          u̯
      ẹ          ọ
      ę          ǫ
      ä          ạ
```

Alarcos, que en un principio [28], apoyándose en Navarro, pensó en un sistema cuadrangular con cuatro grados de abertura

```
      a          a
      ę          ǫ
      e          o
      i          u
```

volvió más tarde a la creencia en un sistema triangular dividido en dos subsistemas: uno de vocales breves o cavidad estrecha (impreso en minúsculas) y otro de vocales largas o cavidad amplia (impreso en versalitas):

```
   u      i       U            I
     o  e            O      E
        a               A
```

Antonio Llorente, el último de los tratadistas de la cuestión, cree que «ninguno de los ingeniosos y loables intentos de interpretación... es totalmente convincente; quizá con el tiempo, cuando las oposiciones fonológicas andaluzas estén mejor estudiadas en extensión y profundidad, pueda catalogarse satisfactoriamente el sistema vocálico andaluz» [29]. Queden señalados los caminos anteriores por los que se ha intentado resolver el

---

[28] *El sistema fonológico del español (RFE*, XXXIII, 1949, pág. 268, nota 27).

[29] *RFE*, XLV, págs. 239-240. Vid., además, la nota 12 en la pág. 120 de este libro.

problema capital que, hoy por hoy, afecta al español. Porque las cuestiones hasta aquí examinadas atañen también a diversas parcelas del español de América, hasta el extremo de que W. Vásquez [30] ha pensado en un sistema semejante al andaluz:

i	u
ẹ	ọ
ẹ̞	ọ̞
a	a

Semejanza que se refuerza si tenemos en cuenta que el autor no considera «el posible desdoblamiento de los fonemas /i/, /u/ por la frecuencia reducida de esos fonemas como finales» (pág. 92, n. 10); hecho que es ajeno a la realización, porque si hay palabras que acaban en -i o -u, que pueden darse en plural, habrá que ver cómo se realizan con independencia de que sean pocas. Y, en andaluz oriental al menos *tribu, espíritu, tu,* oponen la final cerrada a la abierta para distinguir el singular del plural, y otro tanto habría que pensar en las palabras terminadas en -i [31]. Entonces vendrían a coincidir totalmente el sistema vocálico uruguayo, tal como lo describió Vásquez, con el granadino, tal como fue comentado por Alvar.

El discutido problema del rehilamiento porteño, que dio lugar a la polémica de Amado Alonso con Zamora Vicente [32], fue resuelto con pruebas convincentes por Guillermo Guitarte [33].

---

[30] *El fonema /s/ en el español del Uruguay (RFHC,* núm. 10, 1953, cito por la separata).

[31] No son tan extraños los que acaban en -i cuyo plural académico es en *-íes,* pero que, incluso a gente instruida, se oyen como en *-ís* (añádase la oposición *comí - comís).*

[32] El punto de partida es el *Rehilamiento porteño,* de Zamora *(Fil,* I, 1949, págs. 5-22), contra él argumentó Alonso *(La ll y sus alteraciones en España y América,* en los *EDMP,* II, 1951, págs. 41-89). Haré referencia a otros estudios.

[33] *El ensordecimiento del žeísmo porteño (RFE,* XXXIX, 1955, páginas 261-283).

Zamora llegaba a la conclusión de que habiendo diferencias socioculturales (la variante sonora se emplea por los cultos; la sorda, por la gente de tipo medio y suburbana), sin embargo, el fenómeno aboca hacia la variedad sorda. Alonso disiente de tal apreciación: para él, la ž era general, en tanto la variante ensordecida —no exactamente sorda— era puramente ocasional. En este punto hubo quien apoyó decididamente a Alonso (Boyd-Bowman, Corominas) y quien señaló prudentes limitaciones a las posturas extremas [34]. El estudio de Guitarte muestra cómo el proceso del ensordecimiento de la rehilada ha avanzado mucho en menos de veinte años, transcurridos desde que Alonso recogió su información (publicada en 1951) y Zamora la suya, pero no cree que el fenómeno sea de extensión general ni de clases bajas; antes bien, parece predominar en el habla de las mujeres. La interpretación estructural del hecho parte de Martinet [35] y muestra cómo «las oposiciones fonológicas integradas en haces son mucho más estables que aquéllas entre fonemas que no están en una correlación o entre uno que está integrado y otro que no lo está» (pág. 271). Partiendo del haz del español normal

se ve que /ch/ se contrapone a /y/ por oposición de sonoridad, y a /s/ por otra de plosión, mientras que /y/ y /s/ forman opo-

---

[34] Así Malmberg, *Études sur la phonétique de l'espagnol parlé en Argentine*. Lund, 1950, págs. 106-107, que había notado la tendencia al ensordecimiento en los diálogos; así también A. Barrenechea, que observa la modernidad del ensordecimiento, pero disiente que pueda atribuirse a una determinada clase social (reseña al libro de Malmberg en *Fil*, III, 1951, págs. 143-144).

[35] El propio autor confiesa deber sugestiones al estudio *Function, Structure and Sound Change (Word*, VIII, 1952, págs. 1-32).

sición aislada. Ahora bien, como el seseo y la *s* del español de
América llevaron al fonema /s/ al orden de las dentales, quedó
reducido el haz anterior a la simple oposición

Pero la *y* se rehiló para establecer mejor su correlación con la
ch (pág. 276), y el rehilamiento es posterior al yeísmo (pág. 281);
además, un sonido al rehilarse «aumenta la energía muscular
y el volumen del aire, pero se debilitan proporcionalmente las
vibraciones laríngeas» (pág. 283), con lo que la ž tiende al ensordecimiento, y se viene a crear entonces una oposición fonológica distinta: si *ch* se oponía a ž por la sonoridad, ahora aparece como rasgo significativo el de la oclusión [ĉ] frente a la fri-
cación [š]. La explicación de Guitarte resulta evidente, y no
deja de ser notable que en la otra banda del océano se han
reelaborado nuevas oposiciones desconocidas por la lengua media, lo mismo que en andaluz, donde la pérdida del momento
oclusivo en la [ĉ] (> š) ha hecho que š y ž (< *y*, *ll*) formaran
una pareja de oposición basada únicamente en la sonoridad y
no en la oclusión.

Los trabajos anteriores, en los que asoman diversas realizaciones de un mismo fonema, nos llevan al planteamiento del
problema fundamental del p o l i m o r f i s m o. Los investigadores de las hablas vivas descubrieron que los dialectos no
presentaban la inmutabilidad que se les venía atribuyendo [36],
sino que, por el contrario, coexisten dos o más variantes —fonéticas o morfológicas— de una misma palabra en la lengua de

---

[36] Así Gilliéron, Jaberg, etc. Para todo esto, vid. J. Allières, *Le poly-
morphisme de l'-s implosif en gascon garonnais (VD*, I, 1954, págs. 70-
103); en el texto sigo sus planteamientos. Cuando añado precisiones,
cito mi fuente *in extenso*.

un hablante. La elección de cualquiera de estas variantes es independiente de cualquier suerte de intencionalidad. Allières llevó a cabo un fundamental estudio dedicado a la suerte de la -*s* implosiva en gascón, en cuyos dialectos se aspira o vocaliza: desde el punto de vista articulatorio, ambos rasgos son un par de soluciones, entre mil, de la «demolición» de la *s* implosiva del indoeuropeo[37]. En gascón, estos procesos cobran una gran complejidad por cuanto las hablas languedocianas coexisten con el francés del Norte no sólo en ciertos niveles culturales, sino en la casi totalidad de los hablantes. De ahí la triple ordenación del polimorfismo: (1) de *coexistencia* (empleo por el hablante de términos comunes o regionales: p e l l e, c u l t e l l u, m a r t e l l u > *pęl, cutęl, martęl*, según la norma languedociana, o *pęt, cutęt, martęt*, según la gascona); (2) de *realización de fonemas mutables* (cuando el proceso está en vías de realización, el sujeto considera consciente las formas antiguas, mientras que no tiene conciencia de las innovaciones); (3) de *realizaciones indiferentes* (el más perfecto o puro, puesto que el hablante usa sin discriminación cualquiera de las formas posibles, que, en definitiva, son conscientes y equivalentes, por más que sean, claro está, fonemas mutables).

Muchos de los problemas a que me voy a referir, y alguno de los que ya he hablado, podrían alcanzar cumplida solución si se consideraran los hechos del habla y no sólo los de la lengua. En tal sentido, el polimorfismo tiende el puente de una a otra. Así ha podido verse en las hablas hispánicas meridionales, donde los problemas considerados acerca de la repercusión de la pérdida de -*s* final sobre el sistema son, en buena parte, resultado de la conservación de la aspirada -*h* (< -*s*) o de su desaparición. A su vez, la acción por fonética sintáctica

---

[37] Cfr. J. Chlumský, *La* -s *andaluza y la suerte de la* -s *indoeuropea en eslavo (PALA,* III, núm. 2, traduc. de M. Alvar). Vid. bibliografía en mi artículo, ya citado, *Las hablas meridionales de España y su interés para la lingüística comparada.*

de esta *s* implosiva (y no sólo final) sobre la consonante sonora siguiente (en la misma o distinta palabra) crea una larga serie de posibilidades articulatorias que van désde la aspirada y fricatización de la consonante sonora *(hb, hd, hg)* hasta la total metafonía de *b, d, g* y pérdida de la *s (sb, sd, sg > f, θ, x,* y multitud de grados intermedios) [38].

La realización de estos hechos viene a compararse con los que se ha dado con el f r a n c é s literario. No voy a insistir en lo que ya es tópico, pero sí quiero llamar la atención sobre el hecho de que si el polimorfismo actual une las hablas hispánicas meridionales con las languedocianas, los resultados históricos del francés septentrional siguieron los mismos caminos que nuestros dialectos actuales y abocaron a idénticos resultados en el caso de la *a* interior. Esta *a* [fr. *â*] *(< a + s),* más velar y larga que la *a* normal del francés, sólo apareció después de aspirarse la *s* implosiva, igual que en andaluz o canario, según vemos en las págs. 42, 118-120 [39].

El descuido de los hechos polimórficos y el considerar la realidad lingüística como un todo uniforme ha llevado a falsear el planteamiento de cuestiones dialectales y darles un carácter dogmático e intransigente, propio de las leyes fonéticas de los neogramáticos. Por eso me parece útil aducir un testimonio de dilatada difusión [40]: en el Lionesado, a finales del siglo pasado y muy a comienzos de éste funcionaba la oposición *ll/y,* pero cuando Gardette y colaboradores hicieron las encuestas del *ALL,* había desaparecido la *ll* como hecho de lengua y había

---

[38] Cfr. Alvar, *Las hablas meridionales,* ya citadas, págs. 9-12 y 19-28. Dámaso Alonso se ocupó del fenómeno en un breve trabajo: *Sobre la -s final de sílaba en el mundo hispánico* (Suplemento al t I de la *ELH,* páginas 47 53; sus consideraciones son exclusivamente fonéticas).

[39] Otros motivos polimórficos en andaluz aparecen en las págs. 231-32 del *art. cit.* de A. Llorente.

[40] Para esto, vid. M. Alvar, *El español de Tenerife. Cuestión de principios (ZRPh,* LXXXII, 1966, págs. 522-523) y, con nuevos materiales, en los *Estudios canarios,* I. Las Palmas, 1968, págs. 79-85.

venido a ser pura variante polimórfica de *y* [41]. Estos hechos, comprobados en dos atlas lingüísticos, vienen a darse la mano con los planteamientos teóricos de Allières y con la realidad lingüística del español insular: un primer paso en la desfonologización de la *ll* es su coexistencia con la *y*, pero llegará un día en que la palatal lateral habrá sido totalmente absorbida por la central, pero, entre tanto, un mismo hablante puede usar de modo indiferente *ll* o *y*, o, con preferencia, uno u otro sonido. No hay, pues, «sujetos distinguidores» y «sujetos *yeístas*», sino «polimorfismo de realizaciones independientes», igual que el que se encuentra no sólo en el Lionesado, sino también en Gascuña. Cierto que la preferencia por una u otra variante caerá, como quiere Allières [42], en la psicología del lenguaje, pero el conocimiento numérico de frecuencias «nous permettra d'apprécier le degré d'évolution atteint, et de remplacer des formules fixes et fausses [digamos, los esquemáticos y simples 'sujetos distinguidores' y 'sujetos yeístas'] par des pourcentages qui refleteront plus fidèlement l'état actuel du parler étudié» [43].

No otra cosa que un depurado estudio de polimorfismo es lo que ha hecho Jean Séguy al intentar una cartografía fonológica del gascón [44]: partiendo de las realizaciones polimórficas puede determinar los fonemas gascones, pero no por eliminación simplista de formas no «regulares», sino por el índice de frecuencia de las realizaciones; se llega así a establecer la «dominante» de las realizaciones, tal y como practican Doros-

---

[41] Vid. mis *Nuevos Atlas lingüísticos de la Romania*. Granada, 1960, página 30, y la página 115 de este libro.

[42] *Art. cit.*, págs. 98-99.

[43] Allières, *art. cit.*, pág. 100. Para el valor de las proporciones en fonología, vid. J. Séguy, *Cartographie phonologique en Gascogne (Actes X° CILPhR*, III, págs. 1030-1031), y, en las hablas de transición, D. W. Reed y J. L. Spicer, *Correlation Methods of Comparing Idiolects in a Transition Area (Language*, XXVIII, 1952, págs. 348-359).

[44] Vid. *art. cit.* en la nota anterior, págs. 1028-1050.

zewski y sus discípulos [45]. Pero al proyectar hechos puramente sincrónicos como los que aquí se estudian sobre los mapas históricos se deduce que «los factores históricos, incluso desprovistos de todo interés funcional, se perpetúan en las estructuras fonológicas, en las que causan asimetrías, violencias y superfluidades» y, en conclusión, se ve cómo «las estructuras vocálicas del gascón habitualmente se manifiestan como fórmulas de compromiso entre la dinámica, que crea la búsqueda de un equilibrio estructural, y la inercia de la tradición» (página 1041).

Estos hechos polimórficos, llevados al planteamiento general de un habla, han sido aplicados al e s p a ñ o l de Santo Tomás Ajusco, en el Altiplano de Méjico, y al del Estado de Oaxaca, en el mismo país. En el habla de Ajusco [46] se da el polimorfismo de realizaciones independientes (timbre variable de *e, o,* coexistencia de alófonos oclusivos y fricativos de los fonemas /*b, d, g*/, articulación de la *y,* tipos de -*n* final o de *r* y *rr,* etc.), y las variantes registradas son, desde un punto de vista fonológico, asignificativas. Ahora bien, para la fonología diacrónica, hechos como éstos pueden tener valor, ya que muestran la tendencia de la lengua en busca de formas estables dentro de la pluralidad actual (por ejemplo, la propensión al rehilamiento) o apuntan hacia nuevas posibilidades del sistema (el vocalismo camina hacia formas cerradas) [47]. En Oaxaca [48], los hechos polimórficos vienen a coincidir con los de Ajusco, y sus consecuencias fonológicas con respecto al español peninsu-

---

[45] Observación de B. Cazacu en la discusión del trabajo citado en la nota anterior (pág. 1042).

[46] *Polimorfismo y otros aspectos fonéticos en el habla de Santo Tomás Ajusco (Méjico) (AL,* VI, § 30).

[47] *Art. cit.,* § 32.

[48] M. Alvar, *Algunas cuestiones fonéticas del español hablado en Oaxaca.(Méjico) (NRFH,* XVIII, § 24).

lar serían los haces abiertos y cerrados que a continuación se transcriben:

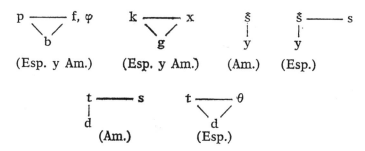

Del libro de Herculano de Carvalho que he considerado anteriormente creo que se puede obtener información sobre hechos polimórficos de los llamados de *coexistencia*, que, en última instancia, no son otra cosa que problemas de bilingüismo: en una caso, coexistencia de la norma gascona con la norma languedociana, o la tolosana con la francesa; en otro, el leonés (español) y el trasmontano (portugués). A mi modo de ver, lo que Herculano de Carvalho llama un «verdadeiro 'idioma mixto', resultante de un encontro de dois sistemas»[49], es la convergencia de hechos lingüísticos que, distintos en su origen, se encuentran en conflicto en tierra mirandesa, y los hablantes echan mano de uno o de otro, «embora ainda hoje com predomináncia de caracteres do primeiro [leonés] sobre os do segundo [trasmontano]»[50]. Estamos, pues, ante un caso de bilingüismo, o, como algunos lingüistas quieren, de *diglosia* ('situación en la que una comunidad utiliza, según las circunstancias, un idioma más familiar y de menor prestigio o bien otro más literario y más cuidado')[51].

---

[49] *Op. cit.*, pág. 6.

[50] Cfr., además, J. G. Herculano de Carvalho, *Porque se falam dialectos leoneses en Terras de Miranda? (RPF,* V, 1952, págs. 265-280).

[51] Vid. A. Martinet, *Elementos de lingüística general.* Madrid, 1965, página 182. El fonólogo francés se opone al término y prefiere usar el de

Queda al margen de los hechos dialectales, pero es necesario aludir a él, en este momento, la descripción fonológica del sistema consonántico del c a t a l á n llevado a cabo por A. Badía y la del g a l l e g o por Veiga[52].

En f r a n c é s se han aplicado los procedimientos fonológicos a la descripción de las hablas más diversas: desde el bilingüismo franco-germánico[53] al francés del Pacífico[54], desde las Ardenas belgas[55] al Canadá[56]; en i t a l i a n o, los estudios de este tipo han sido señalados por L. Heilman[57]; el sistema fonológico del f r i u l a n o fue descrito en 1952 por B. Bender, G. Francescato y Z. Salzmann[58], y ahora poseemos un minucioso estudio dedicado al dialecto de Nonsberg, debido a R. L. Politzer[59]; en r u m a n o hay una interpretación del sistema fonológico del arumano, debida a Matilda Caragiu-Marioteanu[60].

---

bilingüismo tanto al hecho individual (llamado específicamente *bilingüismo)* como al comunitario (para el que se ha propuesto el neologismo *diglosia)*. Cfr. U. Weinreich, *Lang. Contact,* ya cit., págs. 5-6.

[52] A. Badia, *Problemes de la commutació consonàntica en català (BFil,* XXI, 1962-1963, págs. 213-335); A. Veiga ha publicado una excelente descripción del gallego en cinco artículos aparecidos en los números 18-32 de la revista *Grial: Fonología gallega. Fonemática: un grupo fónico monofonemático* (núm. 18, págs. 405-421), *Más sobre las vocales* (núm. 28, páginas 173-182), *El sistema consonántico, I* (núm. 20, págs. 282-287), *II, Oposiciones entre consonantes* (núm. 24, págs. 225-230) y *El sistema consonántico, I'I* (núm. 32, págs. 155-162).

[53] M. Philipp, *Le système phonologique du parler de Blaesheim.* Nancy, 1965.

[54] K. J. Hollyman, *Le français régional de l'Indo-Pacifique. Essais de phonologie.* Nueva Zelanda, 1964.

[55] A. Lerond, *L'habitation en Wallonie Melonédienne (Ardenne belge). Étude dialectologique.* París, 1963.

[56] J. D. Gendron, *Tendances phonétiques du français parlé au Canada.* París, 1966.

[57] *Actes* Xe *CILPhR,* III, pág.. 1094.

[58] *Friulan Phonology (Word,* VIII, 1952, págs. 216-223).

[59] *Beitrag zur Phonologie der Nonsberger Mundart.* Innsbruck, 1967.

[60] Se trata de un sistema con siete fonemas vocálicos, dos semivocálicos y treinta consonánticos, cuyos rasgos distintivos son: abertura y punto de articulación, para las vocales; asilabismo, para las semiconsonantes; carácter vibrante—no vibrante, lateral—no lateral, nasal—no nasal,

Descripciones de este tipo tal vez puedan salvar el divorcio entre una dialectología tradicional y un estructuralismo que se muestra demasiado novedoso [61]. Bueno es recordar en este momento unas palabras de A. Martinet referidas, precisamente, a la fonología: «le choix n'est pas entre une linguistique traditionnelle que paralyse le respect du fait isolé, et une linguistique 'structurale' où se donne libre cours l'arbitraire du linguiste, entre une routine depassée et un byzantinisme stérile» [62].

sonoro—no sonoro, oclusivo—no oclusivo, para las consonantes *(SCL,* XIV, 1963, págs. 313-331).

[61] J. Fourquet, *art. cit.,* págs. 193-195, ha señalado algunas condiciones de la descripción fonológica que me parecen aceptables, por más que su valiosísimo artículo no creo que sea admisible sin discusión. Al hacer una descripción dialectal no basta con decir que un sonido existe, sino que es preciso indicar en qué condiciones aparece, cómo se opone a otros (no sólo *identificación,* sino también *comportamiento)* y cómo los fonemas se *organizan* en el sistema (esto es, descubrir lo que el fonetista ha pasado por alto).

[62] *Économie des changements phonétiques.* Berna, 1955, pág. 7.

SOCIOLOGÍA LINGÜÍSTICA

El estudio de lo que los alemanes llaman *Neuromania* y los italianos *Romania nuova* [1] ha planteado unos problemas bastante distintos de los tradicionales. Porque en las nuevas tierras la estructura social padeció muy importantes modificaciones, que repercutieron fundamentalmente sobre el sistema importado. Amado Alonso narró un par de anécdotas que, por su valor ejemplar, merecen ser traídas a colación: Mal Lara cuenta en su *Filosofía vulgar* (Sevilla, 1568, folio 58) que un caballero fue a Indias y volvió rico; sus amigos le preguntaban: «¿Cómo ganaste de comer?» Respondía: «Quitándome el *don*» [2]. Lorenzo de Cepeda, hermano de Santa Teresa, fue encomendero en Quito, volvió a España y trajo un flamante *don;* pero el uso del tratamiento dio que hablar, e intervino la Santa para que terminaran las mortificaciones, y la disculpa es ésta: «los *dones*, todos los que tienen vasallos de Indias se lo llaman allá» [3].

---

[1] Ambos conceptos, parejos en la forma, no lo son en el contenido. Para Tagliavini, *Romania nuova* se opone a *Romania perduta* y comprende aquellas áreas «fruto della colonizzazione da parte di nazioni parlanti lingua romanze» (*Le origini delle lingue neolatine.* Bolonia, 1959, página 130, § 32). Cfr. también A. Kuhn, *Romanische Philologie. Erster Teil: Die romanischen Sprache.* Berna, 1951, pág. 97.

[2] Apud A. Alonso, *El problema de la lengua en América.* Madrid, 1935, página 131, nota.

[3] *La base lingüística del español americano,* apud *Estudios lingüísticos. Temas hispanoamericanos.* Madrid, 1953, págs. 70-71.

Se había cambiado, pues, una estructura social, y el cambio había incidido sobre la lengua: un mismo problema, el picajoso de los tratamientos, cobraba de pronto una perspectiva totalmente nueva, porque se habían roto las estructuras sociales que los colonizadores llevaron. Las anécdotas, por las gentes que en ellas participaron y por la categoría literaria con que se nos han transmitido, son ejemplares como botones de muestra. Los hechos, sin embargo, no son únicos, y para no detenernos en ellos baste recordar la realidad lingüística que es el español de América, y es que «cualquier modificación de la estructura social provoca, inevitablemente, modificaciones lingüísticas» [4]. Por eso, al tener en cuenta la situación de las lenguas europeas trasplantadas al Nuevo Mundo, ha surgido en cada esquina la estratigrafía socio-cultural de los hablantes [5]

Cierto que tales planteamientos no son exclusivamente inéditos. Hace bastantes años, Passy habló de los dialectos verticales [6], y García de Diego dijo que el lenguaje era «una vastísima complejidad de dialectos mutuamente influidos y... una

---

[4] I. Iordan, *Lingüística románica.* Madrid, 1967, pág. 543. Vid. también A. Sommerfelt, *Structures linguistiques et structures des groupes sociaux,* apud *Problèmes du langage,* volumen misceláneo de la «Collection Diogène». París, 1966, pág. 192.

[5] Vid., por ejemplo, las monografías de R. I. McDavid, Jr., *Greenville: A Microcosm* y *Chicago: The Macrocosm,* en sus *Differences in an Urban Society* (en el volumen editado por W. Bright, *Sociolinguistics,* páginas 74-80). Como punto de partida del español americano, y con principios inspirados en las relaciones de lengua y sociedad, considero *Sevilla, macrocosmos lingüístico* (trabajo entregado al Homenaje al Prof. Ángel Rosenblat).

[6] El principio de *diferenciación* sobre el que se basan los dialectos geográficos es el mismo que rige la existencia de los verticales. Cfr. W. Bright, *Sociolinguistics,* ya citada, pág. 11. Por su parte, McDavid en ese mismo libro define: «A social dialect... is an habitual sub-variety of the speech of a given community, restricted by the operation of social forces to representatives of a particular ethnic, religious, economic or educational group» (pág. 73). Creo que el concepto exige mucho mayor afinamiento.

superposición de dialectos sociales»[7]. Por otra parte, quedan los estudios de geografía lingüística, en los que la sociología fue centro de preocupaciones. Cuando K. Jaberg caracterizó a su propia obra frente a la de su maestro Gilliéron, señaló tres puntos en los que había pretendido profundizar con el *AIS:* 1.º la biología del lenguaje, 2.º la sociología lingüística, y 3.º las relaciones entre la palabra y la cosa designada por ella[8]. Por lo que respecta a la s o c i o l o g í a, objeto de nuestro interés actual, dice cómo en un trabajo de tal condición «il aurait fallu interroger des personnes d'âges différents et appartenant à différentes classes sociales. Si nous y avons renoncé, c'est qu'il fallait tenir compte des possibilités pratiques de l'enquête» (página 20). Sin embargo, se hizo un ensayo de este tipo en Florencia: allí, Scheuermeier interrogó a dos personas instruidas pertenecientes a la clase burguesa y a un artesano de un barrio popular, con lo que se pudo ver que el florentino popular se parece más a ciertas hablas toscanas que no a la lengua de las gentes instruidas de su propia ciudad[9].

En las breves consideraciones que llevo expuestas nos enfrentamos con las complejas posibilidades que el estudio sociológico abre ante nosotros: de una parte, la nueva estructuración social en las tierras de conquista y sus consecuencias idiomáticas; de otra, los diferentes niveles culturales en el habla de las grandes ciudades; por último, en un tercer caso, las oposiciones debidas al sexo y a la edad. Cada una de estas posibilidades tienen su reflejo en la dialectología románica de hoy.

En el *Coloquio Internacional de Civilizaciones, Literaturas y Lenguas Románicas* de Bucarest (14-27 de septiembre de 1959),

---

[7] *Problemas etimológicos.* Ávila, 1926, pág. 23. Para la visión vertical del dialecto en función de la sociología lingüística, vid. C. Hutterer, *art. cit.,* pág. 10.

[8] *Aspects géographiques du langage.* París, 1936, pág. 19.

[9] *Ibidem,* pág. 20 y los datos que constan en las 21-23.

Serafim da Silva Neto expuso una visión de conjunto sobre los
Problèmes linguistiques du brésilien [10]*;* en este trabajo señaló
cómo a lo largo de los siglos se produjo «un étroit contact et
une interaction complexe... entre les divers langages portugais:
un contact vertical intense où les influences s'exerçaient de
haut en bas et de bas en haut... Dans la société brésilienne,
si hétérogène, le sommet de la pyramide social était exposé,
plus qu'aujourd'hui, à l'influence des classes sociales inférieu-
res. Il s'agit d'ailleurs, d'un fait bien connu dans la sociologie
coloniale: *l'influence inverse,* c'est-à-dire celle qu'exerce 'l'infé-
rieur' sur 'le supérieur' [11], y algo después añade: «Les îles de
l'Atlantique et le portugais d'outre mer... ont constitué des
champs d'expérience où le système linguistique portugais, se
trouvant dans un milieu de plus grande liberté linguistique, a
développé ses possibilités, en hâtant l'apparition de changements que sur le continent la tradition étouffait et faisait avor-
ter» [12]. En estas dos referencias tenemos la idea del malogrado
lingüista brasileño: en el portugués ultramarino, una sociedad
heterogénea permitió que rasgos lingüísticos entonces considerados como inferiores llegaran a las clases directrices; al mismo tiempo que esa misma ordenación social —rotas las ama-
rras metropolitanas— desarrollaba unas tendencias implícitas
en la lengua, pero que en la patria de origen no prosperaron.
Esta postura viene a ser la misma que Amado Alonso y otros
lingüistas hispánicos sustentaron para el español del Nuevo
Mundo [13] y que, en última instancia, llevó al infatigable maestro

---

10 Vid. *Actes* del *Colloque.* Bucarest, 1959, págs. 260-284.

11 Página 273 de la obra descrita en la nota anterior. El trabajo vio
la luz en portugués con el título de *A língua portuguesa no Brasil. Problemas.* Lisboa, 1960. Las especies transcritas figuran en la pág. 25 del
opúsculo.

12 *Art. cit.,* pág. 275; pág. 27 de la edición portuguesa.

13 Vid. por ejemplo, cuanto dice acerca de la nueva estructuración
social que en América se llevó a cabo *(Estudios ling.,* ya citados, páginas 69-72) y, muy cerca de las expresiones de Silva Neto, en la *Ruptura*

brasileño a concretar sus ideas [14] en una amplia visión cultural condicionada por la sociología lingüística que, a su vez, quedaba integrada en ella: «O portugês do Brasil não é um todo... E preciso distinguir-lhe os vários matizes, de acôrdo com... as classes sociais»; «É indispensável distinguir, desde os tempos mais antigos, os estratos sociais da língua portuguêsa usada no Brasil» [15].

El desarrollo de estas cuestiones tuvo lugar, sobre todo, con referencia a las zonas de colonización española. José Pedro Rona, en sus *Aspectos metodológicos de la dialectología hispanoamericana* [16], quiso ver en el español de América una serie de normas cultas que vienen a ser como índice de la fragmentación dialectal del español, en los niveles culturalmente más elevados. De este modo, el español en el Nuevo Mundo exige «una dialectología de un nuevo tipo..., que no puede limitarse al estudio de los niveles populares, sino que debe abarcar todos los niveles donde existe diferenciación geográfica. En otras palabras, deben estudiarse también las normas cultas regionales como hechos *dialectales* y las modalidades populares deben estudiarse precisamente a la luz de estas normas locales, y no en comparación con la norma académica de España» (pág. 10). Es decir, existe una dialectología *diastrática*, además de la que ha-

---

y reanudación de la tradición idiomática en América (incluida en *El problema de la lengua en América*. Madrid, 1935, pág. 127). En cuanto a la segunda cuestión de mi referencia, vid. las págs. 130-135 de la última de estas obras. Más relaciones de Silva Neto con A. Alonso en este tipo de problemas se pueden leer en la *Introdução ao estudo da língua portuguêsa no Brasil*. Río de Janeiro, 1963, pág. 43. Un problema de nivelación lingüística, partiendo de relaciones socioculturales, es la debatida cuestión del seseo andaluz, canario, americano y sefardí (vid. *A vueltas con el seseo y el ceceo*, en el Homenaje al Prof. Demetrio Gazdaru).

[14] Vid. S. Elía, *O problema da língua brasileira*. Río de Janeiro, 1961, páginas 136-141.

[15] Ambas referencias, en las págs. 14 y 15 de la *Introdução* citada en la nota 13.

[16] Montevideo, 1958, págs. 8-16, y especialmente la 10.

bitualmente se estudia como *diatópica* [17], empleando una terminología inspirada en Leiv Flydal. Este planteamiento de los hechos sirve de punto de partida a la interpretación que Diego Catalán da al español de las islas Canarias: considerando paralela la situación del español americano y del insular, llega a conclusiones más adelantadas que las de Rona: «las distintas variedades de español existentes en Canarias no pueden explicarse como fruto de un divergente desarrollo de la lengua en las varias islas...; son, simplemente, resultado de la superposición de estratos varios, representativos de modalidades más antiguas o más nuevas del español atlántico. La dialectalización horizontal, espacial, es de secundaria importancia respecto a la dialectalización vertical dependiente de los diversos niveles socio-culturales» [18]. De ahí la aparición de una norma culta regional, distinta de la castellana.

Creo que esta nueva visión de las cosas puede ser de una fecunda aplicación, siempre y cuando no se exageren sus propias posibilidades. Llegar a negar las isoglosas geográficas para aceptar, sólo, las verticales puede conducir a cerrar los ojos ante la evidencia. Las condiciones históricas, sociológicas y lingüísticas de Andalucía son extraordinariamente parecidas a las de Canarias o el Nuevo Mundo: en Andalucía hay una norma culta distinta de la castellana; una estructura social muy parecida a la canaria y, salvando las diferencias que plantea la población aborigen, a la de muchos países de América; una lengua llevada a un proceso de neorromanización: sin embargo, la existencia de trabajos dialectales sobre el dominio andaluz ha venido a probar que tanto en fonética como en morfología

---

[17] En otro orden de cosas, Bally había comparado los préstamos de las lenguas especiales (hecho sociológico) a los dialectales; cfr. *El lenguaje y la vida*. Buenos Aires, 1941, pág. 78.
[18] *El español en Canarias*, apud *Presente y futuro de la lengua española*. Madrid, 1964, t. I, pág. 240.

o léxico[19] hay también una fragmentación geográfica que en la diversidad de sus isoglosas permiten caracterizar una serie de posibles subdivisiones. Y a estas conclusiones se llega no sólo desde el conocimiento directo de los hechos, sino también en un plano estrictamente teórico. Claus Hutterer ha podido escribir: «Para ser justos debemos agregar inmediatamente que la separación del estudio vertical y del horizontal es simplemente una abstracción científica basada en necesidades metodológicas, puesto que cada dialecto sólo existe en la realidad sincrónica como un conjunto de ambas dimensiones e incluso, en cuanto en el curso de una interpretación agregamos a la pregunta «¿qué?» las también necesarias de «¿por qué?» y «¿cómo?», se ve inmediatamente que el dialecto tiene también una tercera dimensión: la diacronía»[20].

En este sentido, mi punto de vista es ecléctico[21] y se atiene a las conclusiones que se pueden deducir del conocimiento que da el estudio de esos dialectos neorrománicos. El hecho de que en los territorios de expansión del francés, del portugués o del español, no se haya hablado nunca latín, no quiere decir que esa dialectología no se pueda estudiar con métodos tradicionales ni que a la Romania Vieja no se le puedan aplicar los sociológicos. Porque resulta improcedente ligar de una manera ciega los dialectos patrimoniales al latín, pues entre un estado latino de lengua y la situación actual se han interpuesto una

---

[19] Vid. los números 713, 714, 716, 717, 721, 755 (fonética) y 728 (morfología) del cuaderno bibliográfico *Dialectología española*. Madrid, 1962. Para el léxico, véanse, de momento, el núm. 733 de la misma bibliografía y mis artículos *El peón, la peonza y el zumbel en Andalucía* («Iberida», I, 1959, págs. 56-61), *Estructura del léxico andaluz (CUCh*, XVI, 1964, páginas 1-12), *Portuguesismos en andaluz* (apud *Weltoffene Romanistik*, Innsbruck, 1963, págs. 309-324) y *La terminología del maíz en Andalucía* (en *Mélanges Gardette*. Estrasburgo, 1966, págs. 27-38), y el estudio de G. Salvador sobre *arar (AO*, XV, 1965, págs. 73-111).

[20] Hutterer, *art. cit.*, pág. 11; vid. también su pág. 38.

[21] Lo he expuesto en *El español de Tenerife. Cuestión de principios (ZRPh*, LXXXII, 1962, págs. 544-548), y ahora resumo esa exposición.

serie de estratos que no son fruto del localismo, sino resultado
de la connivencia multisecular de un habla con otras (regionales, nacionales o ambas cosas a la vez), con lo que se cumple
aquella mezcla caracterizadora de cualquier habla, que diría
Schuchardt[22]. Porque, a mi modo de ver, son perfectamente
compatibles los métodos sociológico y geográfico, siempre y
cuando no consideremos como exclusivos depositarios de una
lengua a los sujetos rurales (escogidos en la dialectología tradicional para allegar un léxico campesino) o a esos pocos en
los que fundamentamos la estratigrafía social. Porque un hablante, por pertenecer a un estrato determinado (campesino,
obrero, intelectual, etc.), ya nos está dando materiales sociológicos; al mismo tiempo que por hablar según las normas que
rigen en un determinado sitio nos facilita materiales geográficos. Claro que para ciertos tipos de estudios habrá que limitar
cada tipo de interés, pero esto no pugna con los principios metodológicos de una u otra empresa. Pero, en última instancia, el
concepto de _diasistema_ será tan válido para las estructuras
horizontales como para las verticales.

Planteadas las cosas de este modo, se había creado un am-
biente en el que latía la necesidad de estudiar los dialectos
verticales. Así nacieron en uno y otro sitio ideas más o menos
afines que llegaron a concretarse en diversos proyectos. Para
ellos también podrían buscarse antecedentes históricos. En 1884,
Carlo Salvioni publicó su _Fonetica del dialetto moderno della
città de Milano_, trabajo que mereció los más encendidos elogios de Battisti y Jud[23]; en el _AIS_, queda dicho ya, se intentó

---

[22] Así se entiende el concepto de _interdialecto_, tal como lo expone
Boris Cazacu en su _Despre noțiunea de «interdialect»_ (SCL, XVII, 1966,
páginas 14-18), que ve los condicionantes sociales de cada dialecto y las
tendencias a la nivelación con la lengua común. Interesa también el
estudio de A. Graur, _Influența reciprocă a elementelor limbii (PLG_, III,
1961, págs. 83-94. Artículo publicado en francés en la _RL_, VI, 1961, páginas 155-168).
[23] Vid. S. Pop, _La dialectologie_. Lovaina [1950], pág. 526. En 1960,

hacer, bien que de una manera tímida, sociología lingüística, y Jean Séguy, mucho más cerca de nosotros, estudió *Le français parlé a Toulouse* (Toulouse, 1950). Cierto que trabajos como éstos difieren mucho entre sí, y a su pluralidad voy a referirme inmediatamente [24].

En un atlas lingüístico, el estudio de los grandes núcleos urbanos no puede agotarse por la propia condición de las encuestas, según especificó el propio Jaberg, pero no cabe duda que en esos materiales hay ya unos elementos para comparar el habla urbana con la campesina y la propia estructuración de los distintos niveles de la comunidad ciudadana. Pero, al mismo tiempo, el estudio de las ciudades permite conocer los focos y la penetración de los procesos de irradiación lingüística, producidos en las grandes aglomeraciones urbanas. Por eso es de lamentar que obras recientes de la geografía lingüística apliquen un error de Gilliéron y nos impidan conocer hechos de semejante importancia. En el *ALEA* estudiamos todas las capitales de provincia con un criterio más amplio que en otras obras de este tipo: hicimos los interrogatorios, cuando menos, a dos personas universitarias (hombre y mujer) y a otras dos (también de sexo distinto) de barrios diferentes. Cuando alguna actividad podía dar fisonomía especial al habla (marineros) o cuando algún suburbio tenía relevante personalidad (Albaicín en Granada, Triana en Sevilla), entonces procurábamos dar cabida en nuestros interrogatorios a gentes que pudieran ser espécimen de cada una de tales peculiaridades [25].

B. Terracini dedicó unas líneas a problemas de sociología lingüística referidos a Italia; vid. *Il concetto di lingua comune e il problema dell'unità di un punto linguistico minimo* (*BALI*, núms. 5-6, pág. 14) y Cortelazzo, *op. cit.*, págs. 138-160.

[24] Fuera del dominio románico se puede consultar J. Bĕlič, *Sur l'étude de la langue urbaine* (en *Slavica Pragensia*, IV, 1962, págs. 569-575).

[25] Vid. página 15, nota 1, y *El Atlas Lingüístico-Etnográfico de Andalucía* (*PALA*, I, núm. 4, 1959, pág. 30). La oposición labradores-marineros se estudia en *Estudios canarios* (I, págs. 25-41) y los problemas de lingüística urbana se tienen en cuenta más adelante (pág. 126).

Pero cualquier trabajo de sociología lingüística exige hoy agotar muchas posibilidades que sólo se apuntan en las encuestas geográfico-lingüísticas y una labor preliminar en campos no lingüísticos a la que ni siquiera me he podido referir.

El libro de Séguy ofrece una problemática muy compleja. No se trata del francés hablado en una gran ciudad, sino de la especial situación de ese francés en pugna con otra lengua románica. Merece la pena que nos detengamos en estos hechos, pues vamos a verlos repetidos en el español. Al comparar las transcripciones del occitano que se publicaron en el *ALF* y las del *ALG* señalé una serie de discrepancias [26] en las que se comprobaba cómo Edmont modificaba el sistema lingüístico del Midi en cuanto afectaba a las vocales nasales, al timbre de las abiertas y cerradas, a las consonantes fricativas y, de acuerdo con las deficiencias anotadas por Rohlfs, a la articulación de la *n* (alveolar o velar), de la *r* y *rr*, etc. Estos hechos me condujeron a una explicación fonológica de los dos sistemas (del *ALF* y del *ALG)*: «Trubetzkoy señalaba las tres clases de diferencias que pueden separar a dos dialectos: *das phonologische System* [*el sistema fonológico*], *die phonetische Realisierung einzelner Phoneme* [*la realización fonética de cada fonema particular*] o *die etymologische Verteilung der Phoneme in den Wörtern* [*la repartición etimológica del fonema en las palabras*]. Precisamente estas tres diferencias oponen los dialectos de *oïl* a los de *oc*. Para transcribir correctamente en el Sur, hay que borrar la imagen del Norte. El fallo de una de las condiciones determina el hundimiento de las otras dos... Por eso las diferencias entre el ... *ALF* y el *ALG* afectan al propio sistema de la «langue». El abismo se ha abierto con doble sima: ha faltado la exacta percepción por ignorancia del sistema y, recíprocamente, no se puede trazar una estructura del gascón porque los 'datos inmediatos' son falsos» [27]. Estos hechos se

---

[26] *Nuevos Atlas*, págs. 24-27, y en este volumen, págs. 108-110.
[27] *Ibidem*, pág. 34, y en la pág. 131 de este libro.

vuelven a comprobar, desde la otra ladera, gracias a la obra de Séguy. El francés que se habla en Toulouse presenta las mismas deficiencias en la percepción del sistema que hemos podido comprobar en la transcripción de Edmont cuando oía a los gascones: se pierden las vocales nasales del francés, la -e final es perceptible y no muda y se simplifica el sistema vocálico basado en la oposición de cierre y abertura; en cuanto a las consonantes, reaparecen las finales, aparecen signos fonemáticos regionales *(ñ, ll, r, rr)*, etc. Es decir, a pesar del bilingüismo, o tal vez por él, el francés hablado en Toulouse está contaminado, tanto en su forma como en su contenido, de las estructuras occitanas al mismo tiempo que, sociológicamente, se puede valorar la situación de esas lenguas en contacto.

Creo que la obra de Séguy sirvió de acicate para la realización de una empresa paralela, pero de mucho mayor alcance, referida a la situación lingüística de Barcelona. Aquí la complejidad se acrecienta con la inmigración masiva de gentes de habla castellana que se han instalado en Cataluña en los últimos años. Por eso Antonio Badía, organizador de la magna tarea, ha procedido de la única manera que podemos aceptar: preparando un estudio sociológico previo para no caer en impresiones de dudoso valor. Así se investiga la lengua de los hablantes, los niveles sociales (edad, sexo, instrucción) en que se usa, el empleo de una u otra con interlocutores alófonos, valoración de la otra lengua, etc. Con todos estos datos, investigados por encuestas directas y por correspondencia, se ha elaborado una gran obra sociológica, premiada por el Institut d'Estudis Catalans. Estamos, pues, en el momento de comenzar el estudio del habla de Barcelona.

Tanto Toulouse como Barcelona plantean para su estudio problemas afines, pero diferentes de los que surgen en ciudades monolingües. De ahí los distintos alcances que puede presentar el estudio de los niveles sociológicos de otra gran ciudad hispánica: Madrid [28]. Creo que el primer trabajo que el estudio debe abarcar es, precisamente, el de la realidad social [29]: las grandes ciudades de nuestro siglo se han formado con oleadas de inmigrantes procedentes de todos los puntos del país. Es preciso investigar como tarea previa la procedencia de los individuos que componen la ciudad, sus antecedentes familiares, su grado de cultura, su oficio y, como dato muy importante para la futura encuesta lingüística, es necesario conocer la repartición geográfica de los habitantes de la ciudad para deducir si existen preferencias de localización urbana que responda a afinidades culturales, regionales, sociales, etc. [30]. En cuanto a los datos lingüísticos, se pretendían allegar en encuestas semidirigidas, grabadas, y con referencia a los siguientes puntos [31]: 1) generacional [32], 2) topográfico [33], 3) de sexo [34], 4) temas [35].

En 1964, en el Segundo Simposio del Programa Interamericano de Lingüística (Bloomington, Indiana, 2-8 agosto) [36] se

---

[28] Sobre el habla de Madrid hay unas notas impresionistas de L. Flórez, *Apuntes sobre el español en Madrid. Año de 1965* («Thesaurus», XXI, 1966, págs. 156-171).

[29] Estas líneas resumen un proyecto que elaboramos A. Quilis y yo y que leí en Madrid (octubre de 1966) ante una reunión de especialistas.

[30] Para conocerlas, redactamos una lista de 16 cuestiones, algunas de ellas, desglosadas en otras varias.

[31] Cfr. *Congruence of Linguistic and Socio-Cultural Divisions*, apud U. Weinreich, *Languages Contact*, ya cit., págs. 89-97.

[32] La primera encuesta se haría en la generación que en aquel momento tuviera quince años, cuando el niño o la niña ha adquirido ya dominio de su lengua; la segunda, alrededor de los veinticinco años, cuando el hombre hace algún tiempo que ha vuelto del servicio militar; el resto, entre gentes separadas por unos veinte años.

[33] La distribución por barriadas vendría condicionada por la encuesta sociológica.

[34] Debe investigarse el habla de hombres y mujeres, manteniendo el orden generacional, ya descrito.

[35] La temática es muy variada y se ha escogido entre los motivos de conversación más apropiados a la edad, sexo, cultura, etc.

[36] Vid. *El Simposio de Bloomington*. Bogotá, 1967.

decidió la realización de un «Proyecto de estudio coordinado de la norma· lingüística culta, de las principales ciudades de Iberoamérica» [37], teniendo en cuenta que «la dialectología se ocupa en estudiar el *habla*, la realización viva de un sistema, de una lengua ya sea en un nivel rústico, ya en el urbano; ora en un plano local, ora en el regional o nacional; tanto en los dominios del habla vulgar cuanto en los de la expresión normal o, inclusive, culta» [38]. De la recogida de todos estos materiales podrían deducirse aplicaciones prácticas como el mejor conocimiento de la propia lengua en cada país, la castellanización de los indígenas mediante la norma *standard* que rija en la nación, mejor conocimiento de la unidad y variedad del español, enseñanza de la lengua a los extranjeros, amén de otra serie de ventajas para la lingüística general, que no es preciso enunciar en este momento [39].

Sin embargo, el *Proyecto*, limitado a Iberoamérica, perdería buena parte de su sentido al ignorar la norma española. Por eso vinieron a conjuntarse los esfuerzos de ambos lados del Atlántico, y en las reuniones de Madrid (1966), Bogotá (1967) y Méjico (1968) se han coordinado trabajos y personas, de tal modo que en estos momentos se tiene ya un *Cuestionario Provisional* que abarca fonética y fonología, morfosintaxis y léxico básico de una gran ciudad; «en una segunda parte, de próxima publicación, se recogerán los capítulos relativos a las estructuras sintácticas superiores: frase nominal y verbal, oraciones y estructuras estilísticas» [40]. Las ciudades en las que el proyecto

---

[37] En la obra citada en la nota anterior, págs. 255-264, aparece el *Proyecto* del que es autor Juan M. Lope Blanch.

[38] Lope Blanch, *ibidem*, pág. 258.

[39] *Ibidem*, págs. 260-261. Se han publicado —aparte estudios internos policopiados— dos volúmenes del *Cuestionario* (*II. Morfosintaxis, 1; III. Léxico*. Madrid, 1972) y una colección de materiales con el título de *El habla de la ciudad de México* (México, 1971).

[40] Palabras del *Prólogo* al *Cuestionario Provisional*. El entrecomillado posterior que carezca de referencias toma sus palabras de esa misma introducción.

puede considerarse en marcha son Bogotá, Buenos Aires, La Habana, Lima, Madrid, Méjico, Montevideo, San Juan de Puerto Rico y Santiago de Chile. En cuanto a los principios metodológicos, se decidió limitar el trabajo «al *habla culta media*, habitual, con referencias a las actitudes formal —habla esmerada— e informal —habla familiar— propias de las grandes urbes, y se consideró aconsejable adoptar un criterio esencialmente descriptivo». Las encuestas serán, fundamentalmente, grabadas y los registros tienen que terminarse en 1969; mientras que en 1975 se considera el año en que la obra habrá llegado a su fin.

Sin duda es éste el más ambicioso proyecto que se haya hecho nunca para las hablas vivas del mundo hispánico. Los planteamientos iniciales y el actual estado de cosas lo hacen distinto del que se preparó para conocer el habla de Madrid. Se quiera o no, el conjunto de las modalidades cultas del español tendrá carácter normativo para muchísimos fines: habrá venido a fijar cuál es la estructura de la *koiné* hispánica o servirá para crearla, o crear otra nueva. Cierto que no hay ninguna lamentación en esto, sino el júbilo de que se hermanen esfuerzos habitualmente dispersos. Sin embargo, la idea del estudio de los estratos socioculturales del habla de Madrid y su proyección sobre la lingüística estaba más dentro de otro tipo de trabajos: pienso, por ejemplo, en lo que es la obra de William Labov, *The Social Stratification of English in New York City*[41]. Porque la determinación de una norma no hace otra cosa que señalar cuál es la realización «normal» de un sistema[42], mientras que el estudio de los niveles socio-culturales implica relaciones de contraste entre cada uno de ellos,

---

41 Publicada por el Center for Applied Linguistics, Washington, D. C., 1966. Anteriormente, 1950, el habla de Nueva York había merecido una descripción hecha con métodos distintos: A. F. Hubbell, *The Pronunciation of English in New York City*.

42 Vid. Coseriu, *Sistema, norma y habla*. Montevideo, 1952, pág. 51.

con lo que los alcances en uno u otro tipo de trabajos son totalmente diferentes y suscitarán problemas que afectan de modo distinto a los planteamientos de la lingüística general. Sin duda el conocimiento de la norma en hablantes de un mismo estrato social no hace sino reflejar las modalidades personales de cada uno de ellos dentro de los elementos constitutivos de la norma, pero un inventario de todas las capas previsibles nos permite descubrir el funcionamiento del sistema por encima de cada una de las particularidades de grupo o clase [43], al mismo tiempo que permite —en la comparación de los estratos— analizar lo que pudiera ser una estilística del habla (de acuerdo con cada una de las capas) y, desde ella, una estilística de la lengua (como modalidad que afecta a todas ellas).

Ahora bien, el concepto de *sociolingüística* no está exento de valoraciones polémicas. Al frente de un libro titulado, precisamente, *Sociolinguistics* [44], W. Bright ha dicho: «[Sociolinguistics] like its elder sisters, 'ethnolinguistics' and 'psycholinguistics', it is not easy to define with precision» y el propio Labov ha escrito: «*sociolinguistics* is more frequently used to suggest a new interdisciplinary field — the comprehensive description of the relations of language and society. This seems to me an infortunate notion, foreshadowing a long series of purely descriptive studies with little bearing on the central theoretical problems of linguistics or of sociology. My own intention was to solve linguistics problems, bearing in mind that these are ultimately problems in the analysis of social behavior» [45].

---

[43] Vid. el esquema de Gh. Bolocan en su *Structura dialectală a limbii în lumina raportului dintre general și particular. Interdependența sistemelor dialectale* («Limba româna», XIV, 1965, pág. 644).

[44] Proceedings of the UCLA Sociolinguistics Conference, 1964. The Hage-París, 1966, pág. 11.

[45] Vid. las págs. IV-V de su obra, ya citada poco más arriba. Sin embargo, estructuralistas y funcionalistas consignan la oposición individuo-sociedad, pero se dedican «enteramente a estudiar la lengua como sistema» (Coseriu, *Sistema, norma*, ya cit., pág. 31, nota). El propio Co-

No deja de ser curioso que esta postura —que personalmente suscribo— haya venido a replantear viejos problemas de nuestra ciencia: hace años, Leo Spitzer reaccionaba violentamente contra «el laudable pretexto de introducir en la crítica literaria la *historia de las ideas...* tesis académicas con títulos como «La moneda en la comedia (francesa, española, etc.) del siglo XVII», «Tendencias políticas en la literatura (francesa, española, etc.) del siglo XVI». Así hemos llegado a descuidar y desconocer el carácter filológico de la disciplina de la historia literaria, cuyo objeto son las ideas expresadas en forma literaria o lingüística, no las ideas en sí mismas (éste es el campo de la historia de la filosofía) ni las ideas en cuanto informan una acción (éste es terreno propio de la historia y de las ciencias sociales)... De hecho, esta nueva clase de tesis es solamente un rebrote de las antiguas tesis positivistas; pero al paso que el positivismo primitivo estaba motivado por un sincero respeto hacia la competencia, el neopositivismo de hoy quisiera asestar el golpe de gracia a la competencia y preparación profesional» [46].

El estudio de una determinada norma —y, sobre todo, si es la culta— no permitirá ver la totalidad del sistema lingüístico que, por su propia condición, está sometido a la mutación, al mismo tiempo que la vida de una gran ciudad con todas sus infinitas complejidades sólo se puede sorprender en el estudio

---

seriu señaló con agudeza la situación de la lengua dentro de los hechos sociales. Merece la pena aducir su testimonio: «La lengua *es* un hecho social, en el sentido más genuino del término «Social», que es el de «propiamente humano». Pero, por un lado, la lengua no es simplemente *un* hecho social «entre otros» y «como los otros» (como los sistemas monetarios, p. ej.), pues el lenguaje es el fundamento mismo de todo lo social; y, por otro lado, los hechos sociales no son como los imaginaba Durkheim. Los hechos sociales no son exteriores a los individuos, no son *extraindividuales*, sino *interindividuales»* *(Sincronía, diacronía e historia.* Montevideo, 1958, pág. 24).

[46] *Lingüística e historia literaria,* en el libro del mismo título. Madrid, 1955, pág. 39, nota 8.

pormenorizado de todos sus niveles, porque —como dijo Labov a propósito del habla de Nueva York—: «la ciudad es una comunidad lingüística individual y no un conjunto de hablantes que viven unos al lado de otros»[47]. Y nunca en mayor medida que en las grandes aglomeraciones humanas se puede comprobar el intercambio entre los distintos niveles y la búsqueda de una cierta uniformidad en la estructura total del sistema, por más que haya diversidad en cada estrato. En última instancia, en el individuo se cumplen los dos sistemas *(normal* y *funcional)* que caracterizan al lenguaje como hecho social[48].

Pero, junto a esta separación diastrática dentro del habla de una comunidad, se da también la separación diatópica e incluso la que participa de una y otra caracterización. Es evidente que el trabajo más fácil de realizar era el de comparar dos modalidades lingüísticas entre hablantes de una misma localidad, y en este sentido cobraba valor la pluralidad de encuestas, según llevaron a cabo los geógrafos lingüistas[49]. Por mucho que anteriormente he limitado la posibilidad de estudiar el habla de las grandes ciudades con un atlas lingüístico, los

---

[47] *Op. cit.,* pág. 7. No se puede entender, por más que se haya considerado, un individuo asocial y como en pugna con el conjunto al que pertenece; es imprescindible no perder de vista nunca que el individuo está en la sociedad, pertenece a ella y funciona dentro de· ella; por eso, desde un punto de vista sociológico, los idiolectos que permiten la mutua comprensión de los individuos se encuentran en una relación lineal inmediata y bilateral, y constituyen, por encima de la diferencia de cada modo de hablar, elementos no desgajables de un sistema. Me parece que así hay que interpretar la crítica que hace E. Coseriu a los planteamientos sociológicos de Durkheim *(Sincronía,* recién citada, págs. 20-21).

[48] Coseriu, *op. cit.,* pág. 32 y págs. 34-35. Sólo así se pueden entender los hablantes de un mismo lugar, aunque sean distintos sus idiolectos particulares, tal y como describió Martinet al hablar de las diferencias entre 66 parisinos *(Elementos de lingüística general.* Madrid, 1965, página 183).

[49] He distinguido entre *interrogatorios múltiples* (sujetos distintos para interrogatorios diferentes) y *reiterados* (sujetos distintos con idéntico interrogatorio), cfr. *El Atlas ling.-etn. de Andalucía,* ya citado, página 30.

datos allegados son útiles para el cotejo de dos o varios idiolectos, con el comportamiento que cada uno de ellos deba al contexto social en que se produce. Y este valor —a pesar de todas clases de restricciones— ha sido considerado al planear la determinación de una norma concreta [50]. Así, los atlas lingüísticos han permitido comparar en época muy reciente el habla de gentes de grupos sociales distintos y de personas de sexo distinto.

El estudio del habla de marineros y labradores en una misma localidad nos ha hecho ver cómo un determinado grupo social puede ser caracterizado por corrientes encontradas: innovadoras y arcaizantes a la vez. No cabe, por tanto, practicar una fácil dicotomía que oponga estratos superpuestos, sino que es necesario ver que en los estratos hay bloques en posición vertical y no horizontal: un mismo rasgo afecta a clases sociales distintas, aunque otros independicen al conjunto de hablantes de grupo social diferente. Ejemplifiquemos con un caso canario: se ha dicho alguna vez que el habla de los marineros insulares es arcaizante. No puedo aceptar como buena esta simple afirmación impresionista, pues no acierto a comprender que sea s ó l o arcaizante la lengua de los marineros: gentes, por su propia condición, abiertas a todos los vientos. En otra ocasión he llevado a cabo el cotejo [51] entre marineros y labradores de diversos sitios de Canarias; los resultados que obtuve mostraron cómo los pescadores tienen el habla más nivelada o uniformada que los braceros, y en esta nivelación había abundantes testimonios innovadores que pugnaban con el pretendido arcaísmo; algo que, por otra parte, iba de acuerdo con la mo-

---

[50] Cfr.: «El habla de las ciudades fue ya tenida en cuenta en el *AIS;* sistemáticamente la ha investigado Alvar en su *ALEA»* (Lope Blanch, *Simposio de Bloomington,* ya citado, pág. 258).

[51] *Geografía y sociología lingüística en el español insular,* en el libro *Estudios Canarios,* t. I, Las Palmas, 1968, págs. 25-41. En este párrafo considero y resumo diversas cuestiones del trabajo precedente.

dernización de la terminología tradicional de los marineros del Adriático, tal y como señaló Mirko Deanović [52], o con las comprobaciones, idénticas a éstas, que Ivan Petkanov hizo en el Mar Negro [53].

La oposición entre el habla de hombres y mujeres cuenta con abundante bibliografía, que ha sido ya recogida y no merece la pena repetir [54]. Claro que no siempre estos trabajos han podido ceñirse a comparar el habla de dos informantes de sexo contrario, sino que el cotejo de estas modalidades iba enmarañado con la estructura e incluso complejidad de la familia. Dentro de este marco fue Rousselot quien vio en la aldea de Cellefrouin las variaciones que, de generación en generación, se producían en el seno de su propia familia [55]; muy poco después, Louis Gauchat planteaba idéntico problema a propósito del habla de Charmey y veía cómo la edad establecía diferencias lingüísticas, cómo las mujeres tenían una conciencia lingüística más clara que los hombres y eran más propicias a la innovación lingüística [56]. Tras tales trabajos vinieron los de Terracini, Rohlfs y las aportaciones de la geografía lingüística [57].

[52] *Esperienze nell'Adriatico orientale col Questionario dell'ALM (BALM,* I, 1959, pág. 129).

[53] *Esperienze sulla costa bulgara col Questionario dell'ALM (BALM,* II-III, 1960-1961, pág. 31). L. Michel, explorador del *ALM,* ha publicado una monografía específica sobre el habla de los pescadores: *La langue des pêcheurs du Golfe du Lyon.* París, 1964.

[54] Cfr. *Le langage des femmes: Enquête linguistique à l'échelle mondiale (Orbis,* I, 1952, págs. 10-86. Bibliografía, en la pág. 11).

[55] *Les modifications phonétiques du langage étudiées dans le patois d'une famille de Cellefrouin (Charente).* París, 1891. Vid. M. Alvar, *Diferencias en el habla de Puebla de Don Fadrique (Granada) (PALA,* I, número 3, 1957, págs. 4-5, especialmente), y trabajos citados en la pág. 15 (sobre Ajusco, Roque de las Bodegas y Las Palmas).

[56] *L'unité phonétique dans le patois d'une commune (Festschrift Morf.* Halle, 1905, págs. 175-232).

[57] Jaberg anotó en sus *Aspects géographiques,* págs. 21-22, las diferencias que Rohlfs había encontrado en Lucera (punto 707 del *AIS).* Por su parte, éste había señalado las diferencias lingüísticas en un pueblo

En los últimos años se han vuelto a suscitar estas mismas cuestiones: la convocatoria de la revista *Orbis* hizo que se redacta-
ran impresiones subjetivas o meditadas observaciones sobre la
oposición del habla de los hombres y las mujeres. Dentro del
mundo románico se imprimieron estudios de Puşcariu, Capidan, Pop y Récatas sobre el rumano; Merlo y Piccitto sobre el
italiano; Griera sobre el catalán; Badía y Salvador sobre el
aragonés y el murciano, respectivamente. El carácter del habla
de las mujeres es para unos de estos investigadores conserva-
dor (Merlo, Badía [58], Salvador, Capidan, Récatas, Puşcariu), para
otro (Piccitto) no ofrece particularidades, y Pop se abstuvo de
opinar [59]. Los datos recogidos en general son impresionistas o
asistemáticos. Acaso haya que excluir de esta valoración el de
Badía, basado en estudios suyos anteriores, y, sobre todo, el
de Gregorio Salvador, el único preparado consciente y minuciosamente. Creo que estos informes dan muy poca luz para lo
que sabíamos desde hace muchos, muchísimos años, y lo que
más extraña es que no se haya visto que el arcaísmo o la innovación del habla de las mujeres no depende tanto del sexo
cuanto del tipo de vida que las mujeres hacen en cada país.
Por eso decir que el habla femenina es conservadora, neologista
o ni una cosa u otra es, en verdad, no decir demasiado, por
cuanto en su contexto social puede ser cada una de esas cosas
o todas ellas, y fuera del ámbito al que pertenece no es nada.
Así, estudiando el habla de Puebla de Don Fadrique [60] he podido
escribir con referencia a ese pueblo: «el habla de las mujeres

---

pirenaico *(Le patois de Lescun (Basses-Pyrénées)*, apud *Misc. Alcover*,
1932, pág. 360, § 4).

[58] En Bielsa comprobé —de acuerdo con Badía— el carácter conser-
vador de las mujeres: una de ellas mantenía, último hablante del dialecto
local, orgullosamente el *belsetá*, que ya nadie hablaba.

[59] Griera se limitó a hacer observaciones —justas, a mi modo de
ver— sobre las ventajas del hombre o la mujer como informadores en
las encuestas.

[60] *Diferencias*, ya citadas, pág. 32.

es más arcaizante y, a la vez, más innovadora que la de los hombres, porque es un islote antiguo que sobrenada en una región rodeada de rasgos meridionales (murcianos, andaluces). El carácter aislado del habla... hace que las mujeres permanezcan afincadas a rasgos antiguos, pero acepten, por falta de criterio, neologismos que pugnan con los primeros. Por el contrario, los hombres ofrecen lo que pudiéramos llamar estado «medio de lengua»: con cierta tendencia a la corrección, con cierta propensión a la uniformidad con el castellano y, a la vez, con aceptación de los elementos dialectales del Sur, pero sin llegar a casos extremos..., porque tienen conciencia de un cierto «castellano mejor», oído a funcionarios, propietarios, gente de milicia, comerciantes, etc.». Al revés de lo que ocurre en el N.E. andaluz, en el corazón mismo de la región, en la que Dámaso Alonso llama «Andalucía de la *e*», las mujeres son innovadoras en el proceso -al, -ar > *ę:* los materiales del *ALEA* han permitido, también ahora, conocer la estratigrafía social del fenómeno y el grado en que afecta a las mujeres y la ignorancia que los hombres tienen del fenómeno [61].

En el dominio rumano, Boris Cazacu estudió el proceso de diferenciación de la aldea de Meria (Hunedoara) [62]: partió de la influencia que la lengua común ejerce sobre el habla de la localidad y vio que la acción niveladora no se ejerce del mismo modo sobre todos los hablantes. Las diferencias pueden comprobarse tanto en motivos que dependen de la edad como del sexo de los hablantes. La lengua de las mujeres, con indiferencia de su edad, y la de los viejos, se manifiesta como conser-

---

[61] Vid. Dámaso Alonso, *En la «Andalucía de la e». Dialectología pintoresca*. Madrid, 1956, y M. Alvar, *El paso -al, -ar > ę en andaluz (PALA,* I, núm. 5, 1959). Los rasgos más salientes de estas observaciones sociolingüísticas los he recogido en un artículo de conjunto que publico en mi libro *Variedad y unidad del español. (Estudios lingüísticos desde la historia).* Madrid, 1969.

[62] *Despre procesul de diferentiere in graiul unei comune (Meria-Reg. Hunedoara) (SCL,* VII, 1956, págs. 245-268).

vadora, mientras que la de los hombres jóvenes presenta un mayor grado de nivelación. Incluso los hablantes son conscientes de estas oposiciones sociales (diferencias fonéticas entre hombres y mujeres, oposición del léxico según la generación a que pertenecen los informantes), y el dialectólogo llega a comprobar que las diferencias de edad son más importantes que las que determina el sexo.

En otro trabajo, el mismo investigador [63] compara dos idiolectos particulares (pertenecientes a un hombre viejo y a otro joven) en varias localidades de la frontera moldavo-valaca y llega a la conclusión de que, bajo ciertas motivaciones sociales, los límites dialectales se pueden desplazar cuando se comparan las particularidades lingüísticas de esas generaciones. Los cambios tienen lugar entre los dos sistemas limítrofes, y sobre todo por la influencia que ejerce la lengua común, factor nivelador en las divergencias dialectales. Por otra parte, la dinámica de isofonos e isolexemas es más activa que la de los isomorfos.

En trabajos comentados a lo largo de estas páginas hay referencias a hechos de este tipo tanto para el portugués [64] como para el español [65], el italiano o el rumano; sin embargo, sólo en el español de América se ha intentado un estudio semejante al de Rousselot: oposición fonética entre miembros de un mismo hogar (del mismo sexo y de sexos distintos) y cotejo de esa modalidad con la de algún elemento del mismo pueblo,

---

[63] *Despre dinamica limitelor dialectale (FD,* V, 1963, págs. 27-40. Publicado en francés en las *Actes* Xᵉ CILPhR, págs. 1051-1071).

[64] Cfr. Herculano de Carvalho, *Fonol. mirandesa,* pág. 43, nota 37. No comparto el criterio con que A. de Lacerda establece lo que llama el *tipicismo* al establecer el «nível social dos locutores» (cfr. *Recolha, arquivo e análise de falares regionais portugueses, RLFEC,* pág. 146).

[65] Cfr. Guitarte, *Rehilamiento,* pág. 270. Para el español canario, vid. mis *Sociología y geografía lingüísticas,* cit. en la nota 51, y las *Notas sobre el español hablado en la Isla de la Graciosa (Canarias orientales) (RFE,* XLIII, 1965, páginas 316-318).

pero ajeno a la familia. En una pequeña localidad del Altiplano de Méjico, Santo Tomás Ajusco [66] se plantearon viejos y nuevos problemas de nuestros estudios: contra quienes creían que el municipio era la menor unidad utilizable en lingüística [67], ha vuelto a prevalecer la afirmación categórica de Jaberg: la unidad lingüística de una aldea es un mito [68]. Mito la unidad del municipio, pero mito, también, la unidad lingüística del propio individuo. Sin embargo, del estudio de las diferencias individuales se pueden obtener buenos informes para la biología del lenguaje y para los hechos lingüísticos que lo condicionan. Los datos minuciosamente elaborados no permitieron ordenar sistemáticamente los resultados del polimorfismo de la encuesta. Unas veces coincidieron los hombres de la misma familia [69]; otras, los hombres siquiera pertenezcan a familias diferentes; en alguna, la mujer y el niño; un par de casos aíslan las peculiaridades fonéticas del hombre de un hogar distinto, mientras que ocasiones aisladas manifiestan el carácter innovador del habla infantil, la independencia del habla femenina o la marcha de un proceso que afecta sólo a los hombres de generaciones más jóvenes. Todos estos datos hacen imposible hablar de escisiones sistemáticas en el seno de una misma familia, pero sí permiten ver cómo no existe la unidad fonética, sino que diversos fenómenos en marcha la han roto ya. Del mismo

---

[66] Vid. *Polimorfismo y otros aspectos fonéticos en el habla de Santo Tomás Ajusco (Méjico)*. El trabajo se leyó en el XI Congreso Internacional de Filología Románica (Madrid, 1965) y ha aparecido en el «Anuario de Letras» de la Universidad Nacional de México, t. VI, pág. 11-41. Véanse especialmente los §§ 34-38 del estudio.

[67] A. Dauzat, *La vida del lenguaje*. Buenos Aires, 1946, págs. 181-185.

[68] *Der Sprachatlas als Forschungsinstrument*. Halle, 1928, pág. 216. Cfr. los datos dialectales italianos que se aducen por B. Terracini en *Il concetto di lingua comune e il problema dell'unità di un punto linguistico minimo (BALI*, núms. 5-6, 1960, especialmente las págs. 20-24).

[69] Para la comparación usé un hombre de cincuenta y dos años; su esposa, de cuarenta y tres; un hijo de ambos, de doce, y un hombre ajeno a ellos, de veinticinco.

modo que al cotejar éstos con otros datos extrafamiliares tenemos que reconocer que la unidad fonética del municipio es
ilusoria. Y en esta marcha evolutiva de la pronunciación resulta que, como en tantas ocasiones, el habla de los niños puede
ser innovadora o caminar junto a la de generaciones más jóvenes, pero puede ser que vaya apegada a la norma hogareña,
sin haberse desgajado de ella. Por otra parte, el habla de la
mujer es en ocasiones innovadora y en ocasiones conservadora,
y, por último, el habla de los hombres, aunque escindida por
algún hecho que pudiéramos llamar generacional, parece sufrir
la irradiación innovadora que parte desde la capital y que caracteriza las peculiaridades masculinas como hablas de tipo
medio. Aún se queda corto, pues, el dicho francés de que *Chaque
village son langage, chaque maison sa façon.*

LA CIUDAD COMO ESTRUCTURA SOCIOLINGÜÍSTICA

Al suscitar en páginas anteriores los problemas de sociología lingüística, nos hemos encarado con la multiplicidad de idiolectos que pueden coexistir en un momento dado y con sus realizaciones dentro de una estructura urbana. Quisiera ampliar —aunque con parquedad— todas estas cuestiones para lograr una mayor coherencia en mi exposición [1]. La virtualidad de cada idiolecto, por personal que en sí sea, no rompe con una conciencia de grupo, ni con el carácter imperativo que tiene la modalidad regional de un sistema. O dicho de otra manera, nos hemos enfrentado con diversidad de realizaciones de una norma común. Esta variedad, dentro de una concreta unidad, nos obliga a proyectar los hechos sobre marcos más amplios: en efecto, dado un determinado idiolecto particular, perteneciente al habla urbana, resulta que —por una estructura social muy concreta— se liga a los idiolectos de los demás hablantes del grupo (pescadores, labriegos, administrativos, técnicos, etc.), pero por ser urbano, tiene unas características especiales que oponen el habla de ese individuo aislado, de todo su grupo y de la ciudad a que todos

---

[1] Desarrollo ampliamente estas ideas en *Niveles socio-culturales en el habla de Las Palmas* (Las Palmas, 1972). Ahora hago un resumen —adaptado a la ocasión— de mis planteamientos anteriores.

esos grupos pertenecen, a la modalidad rural de la región. Pero hay más: el habla de una gran ciudad —existente sobre los cientos de miles de dialectos particulares a los que da coherencia— se diferencia de otras hablas urbanas regionales, por más que todas ellas dependan de una variedad del conjunto de hablares surgidos de una determinada modalidad. Resulta, pues, que los diversos microcosmos (cada uno de los grupos) que constituyen el macrocosmos (habla urbana) están entre sí en una relación semejante a la del habla de la capital con respecto al dialecto regional y a la de éste con respecto a la modalidad innovadora o conservadora de donde procede. Claro que ésta modalidad innovadora o conservadora lo es con respecto al sistema común en unos determinados aspectos, insuficientes para crear una nueva lengua, por más que basten para mostrar una cumplida diferenciación.

Nos encontramos, pues, que frente a la dialectología tradicional —diatópica— vamos descubriendo una serie de estratos que permiten hablar de una dialectología vertical o diastrática. Producida en nuestro caso concreto por esas oposiciones campo-ciudad y, dentro de ésta, niveles sin cultura con estudios elementales —con estudios medios y superiores—. Ahora bien, desde el momento mismo en que oponemos grupos humanos, a los que intentamos identificar por su modalidad lingüística, estamos enfrentando sendas realidades diferentes: la lingüística y la de clases. Con ello salimos del marco estrictamente dialectológico para entrar en el de la realidad social. Porque lo que define a un estudio para caracterizar el habla de las grandes ciudades es la doble problemática que suscita: de una parte, la descripción sincrónica del sistema en uso; de otra, la pluralidad de subsistemas que surgen al coordinar los idiolectos dentro de la modalidad del grupo al que pertenecen. Y aún quedaría por descubrir la diacronía que justifica la situación actual.

Nos encontramos no sólo ante la descripción funcional de un habla, sino en la oposición contrastiva con que se caracteriza cada uno de los niveles que la constituyen. Por eso, mi propósito es hacer ver cómo es ese «sistema de sistemas» o «suprasistema» al que intento definir como h a b l a urbana y —recíprocamente— al pretenderlo ver en su totalidad, tengo que recurrir al cotejo de idiolectos particulares (niveles socioculturales), a la distribución de cada grupo dentro de la ciudad y —como limitación de ésta— a la comparación de los hechos urbanos con respecto a las hablas rurales (geografía lingüística).

Esto nos sitúa directamente con el enfrentamiento ciudad contra campo o, desde otro punto de vista, asalto de la ciudad por el ámbito rural.

Pero he de hacer una salvedad, pues para mí la urbanización lingüística del campo marca un proceso que no es paralelo a la ruralización de la ciudad. Quisiera matizar estos conceptos. No pretendo decir que la ciudad sea impermeable a la influencia campesina, por la sencilla razón de que una parte de lo que se considera *urbe* es ya campo y, recíprocamente, lo que es *rus* afecta a la propia estructura de la ciudad. Los sociólogos han tratado de situar los límites de la ciudad en algún sitio y han visto que

Un conjunto urbano es un sistema estructurado a partir de elementos cuyas variaciones e interacciones determinan su propia constitución. Desde este punto de vista, la tentativa de explicación de las colectividades territoriales a partir del sistema ecológico, constituye el más serio de los esfuerzos hasta ahora realizados para fundamentar —hasta cierto punto— una autonomía teórica, en la óptica y en la lógica del funcionalismo[2].

---

2 Manuel Castells, *Problemas de investigación en sociología urbana*. (Trad. E. Grilló). Madrid, 1971, pág. 57.

Para un lingüista el problema no es menos arduo que para el sociólogo. En torno al núcleo de la ciudad principal hay un cinturón de emigrantes que son —ya— ciudad, pero no se han incorporado a ella. En un análisis de estratos socioculturales del habla, estas gentes ayudan muy poco a la caracterización, porque su establecimiento no suele ser permanente, sino ocasional. Son las masas que ocupan el primer escalón antes de acceder a la urbe. Desde un punto de vista social el problema tiene continuidad porque el hecho no sufre interrupción; una oleada entrará en la ciudad y su puesto será ocupado por una segunda y el de ésta, por una tercera, etc. Pero la situación lingüística del cerco se modificará, según sean las gentes que lo ocupen (procedencia, edades, etc.). No obstante, lo que da continuidad a este hecho —y me refiero sólo a la dialectología— es la ligazón que se establece entre el núcleo urbano y el campo a través de tales gentes. En buena medida, actúan de intermediarios del comercio lingüístico, como lo son de otras muchas clases de intercambios: vinculados a las tierras de origen llevan a ellas las peculiaridades urbanas que van captando, pero, no habiendo sido totalmente asimilados por la ciudad, conservan su especial estructura, que incide sobre los barrios periféricos. Es aquí donde se da ese proceso de interacción lingüística del que no nos podemos soslayar. Más aún, antes de producirse esta marcha hacia la ciudad, existían los límites urbanos y, en ellos, gentes que, viviendo en los arrabales, se vertían hacia el campo o tomaban de él los productos que el gran mercado necesita. La tensión de estos grupos es comparable a la que las moléculas tienen en una superficie: fuerza centrípeta que las liga a su elemento, fuerza centrífuga que las separa. El problema lingüístico es diferente del sociológico en su planteamiento, aunque coincida con él en sus resultados: para un sociólogo, *slum, bidonville, villa latas, pueblo nuevo*, etc., son un proceso de no integración, harto distinto de los barrios semi-rurales que rodean a una ciudad;

para un lingüista, ambos constituyen —con su propia peculiaridad— esa membrana que ayuda a la comunicación.

La consideración dialectal de los hechos anteriores permite que nos enfrentemos con la realidad lingüística. Una y
otra vez, al comparar los niveles urbanos he señalado la vinculación de los grupos económicamente menos desarrollados
con las motivaciones rurales. Es más, de una u otra manera,
con correlación geográfica próxima o remota, hemos compro-
bado que las gentes sin instrucción van de acuerdo con las
realizaciones campesinas y no con las clases instruidas de la
capital. Se confirma —una vez más— la tesis de la proletariza-
ción urbana del campesinado y del acercamiento entre las
gentes menos dotadas para acceder a los bienes materiales;
esto es, se ha creado una nivelación en la base de la estructura
porque las gentes se han acercado en la nueva realidad, y este
acercamiento entre campesinos y obreros ha repercutido sobre
la lingüística aproximando el habla de unos y otros. Naturalmente, las modalidades de cada grupo permanecerán irreduc-
tibles en lo que tiene de peculiar, pero lo peculiar se limita
—sustancialmente— al vocabulario. He aquí, pues, cómo un
hecho de sociología, al inferir sobre la lengua, proyecta su valor a cuestiones generales.

Se podrá argüir que en tal caso poco significa la modalidad
urbana frente a la campesina, por cuanto ésta va identificada
con el habla de unos estamentos que son ciudadanos. Planteamiento cierto, pero parcial, porque la ciudad no es sólo gentes
cultas, semi-instruidas o ignaras, según unos sencillos cortes
longitudinales, sino que es —también— un conjunto de estratos mucho más movibles que los de la arcaizante sociedad
campesina: los desplazamientos de un nivel a otro —sobre
todo en procesos ascendentes— son mucho más fáciles; de
ahí la inmigración a la ciudad, que permite la liberación eco-
nómica, según conoce cada uno de los hombres que se decide
al absentismo rural. Y sobre la conciencia de cada campesino,

que va a comenzar el calvario del proletariado sin especialización, operan —ya— unos módulos lingüísticos con los que se identifican en cada acto comunitario. La vida ciudadana exige la especialización, con lo que esto significa para la fragmentación lingüística, pero —al mismo tiempo— obliga a un intercambio de normas sociales que en la aldea suelen ser insolidarias. Esto es, la división del trabajo fuerza a un intercambio muy asiduo entre los diversos estratos de una sociedad. De cualquier modo, nivelación. La ciudad actúa en este caso como un freno para la marcha de los procesos asistemáticos: si los campesinos van a la urbe para ejercer ese *droit à la ville* libertador, no cabe duda que su ideal de vida serán las gentes que estima —ya— liberadas (técnicos, profesionales, comerciantes), es decir, hablantes que tratan de eliminar sus antiguos comportamientos lingüísticos, fruto de un pasado que tratan de superar [3].

Después de todos los comentarios anteriores se podría pensar que el habla de la ciudad no sea sino una pura abstracción. Tendríamos que volver a cosas ya dichas y suficientemente discutidas. En un principio se pensó que el mínimo núcleo que se podía estudiar en lingüística era el municipio; después se comprobó que la unidad del municipio era un «mito», por tanto habría que considerar unidades más pequeñas para tales análisis, pero se descubrió que el individuo tampoco era —lingüísticamente hablando— una unidad. Paralelamente los sociólogos han descubierto lo que Merton llama *role-set*, es decir, el hombre desempeñando varios papeles en la sociedad; o, con otras palabras, diversidad de comportamientos según sea la función en que participe.

Pero ya Labov al estudiar una estructura tan compleja como es el inglés hablado en Nueva York llegaba a la con-

---

[3] Cfr. Halliday, McIntosh y Strevens, *The Users and Uses of Language* (apud *Readings in the Sociology of Language*. La Haya, 1968, pág. 165).

clusión de que «la ciudad es una comunidad lingüística individual y no un conjunto de hablantes que viven unos al lado de
otros»[4]. No de otro modo se comportan los sociólogos cuando
dicen que «donde hay ciudad, hay no sólo funcionamiento urbano, sino también —y al mismo tiempo— lenguaje urbano»[5].
Lenguaje urbano como expresión de unos comportamientos
que son opuestos a los rurales y que hacen hablar a la vida
de la ciudad de una manera específica, por muy caracterizado
que esté cada uno de los elementos que la constituyen; lenguaje urbano que en la lingüística —y la redundancia es imprescindible— hace manifestarse de una determinada manera
al conjunto de seres que se integran en la vida de la ciudad.
Porque —en última instancia— «una aglomeración urbana no
es un amasijo indistinto de edificios, actividades y vías de cir-
culación»[6], sino que se define por la coexistencia de los elementos que la constituyen y las relaciones internas que los
rigen. De ahí que algún investigador haya definido la ciudad
como «una colectividad social multifuncional territorialmente
delimitada»[7], lo que es —lingüísticamente hablando— un proceso integrador: los hombres en la ciudad no están insertos en
unos globos de cristal que —maravillosamente— los manten-
gan al corriente de los acontecimientos, pero sin posible con-
taminación. No. El hablante vive en la ciudad, participa en
muchas representaciones simultáneas y es miembro de una
serie de estratos[8] diferenciados según las perspectivas que
demos a la interpretación de los hechos. Pero las condiciones
de la ciudad —y son necesarias para que la ciudad exista—

---

[4] *The Social Stratification*, ya cit., pág. 7.
[5] Castells, *op. cit.*, pág. 175.
[6] *Ibidem*, pág. 173.
[7] *Ibidem*, pág. 131.
[8] Vid. K. W. E. Moore, *Algunos principios de la teoría de la estrati-
ficación*, apud *La estructura de las clases*. (Trad. de A. Dujovne Ortiz).
Caracas, 1970, pág. 27.

obligan a una serie de actividades que destruyen la inmutabilidad del estrato al que pertenecen y de la geografía. Es decir, los dos elementos básicos de la sociedad rural, condicionadores de su arcaísmo, han sido rotos en la estructura urbana, por la pluralidad de relaciones que se establecen y la dinámica que permite pasar de unos estratos a otros. Fatalmente, estos condicionantes llevan a la uniformidad del sistema lingüístico empleado, pues de otra manera no cabría la intelección entre los hablantes. Por eso, los grupos en que se fragmenta la sociedad urbana (resultantes lingüísticos de la división social) son forzados a su comunicación como consecuencia de la división del trabajo, y los barrios en que se ordenan los habitantes se disuelven en el medio urbano. La ciudad resulta ser un elemento integrador de enorme fuerza lingüística, coaccionando a los diversos grupos y a los diversos estratos, obligándoles a utilizar un sistema cuya intelección se muestra por encima de cualquier fraccionamiento desintegrador.

Nosotros no podemos ver este proceso como fruto del azar, sino como consecuencia inmediata de unas relaciones de convivencia. Al tener en cuenta —según he señalado— que en una estructura urbana un individuo representa un papel, no se puede admitir que ese papel se vea libre de engarces con otros individuos que representan otros papeles: ni siquiera en el teatro el monólogo es insolidario del resto del proceso dramático. A su vez, ese individuo ocupa una determinada posición (_status_), solidaria para todos sus miembros y en conexión con otras posiciones. Es decir, cada uno está en relaciones de proximidad o lejanía con una serie indeterminada de papeles y situaciones, lo que fuerza a una necesidad comunicativa, sea para obtener unas correlaciones de simpatía o unas disyunciones de indiferencias o antipatía; en una palabra, necesidad de acercar el tipo lingüístico a unas determinadas normas que facilitan el diálogo en un nivel de igualdad,

Por eso me parece muy pobre, y hasta inexacta la caracterización que se ha dado de la lengua como hecho social. Cuando Cuvillier intenta establecer unos principios, lo hace de manera harto estrecha:

¿En qué sentido el *lenguaje* es, por ejemplo, un hecho social? En el sentido de que ciertas maneras de expresarse son, en un medio dado, obligatorias y otras prohibidas (reglas de ortografía, de gramática y de sintaxis). También lo es en el sentido de que esa coerción es totalmente exterior a los individuos, puesto que los sobrevive; las reglas en cuestión subsisten durante muchos años y a veces durante siglos, mientras que los individuos pasan y mueren [9].

El lenguaje es un hecho social no por esas maneras de expresarse, que son secundarias, según vemos ocurre en la estructura urbana, y el planteamiento transciende a cualquier plano o a cualquier nivel, sino porque permite la comunicación. Entonces para bien poco le sirven al hablante la ortografía correcta o lo que él pueda entender por normas de gramática o de sintaxis. En cuanto a la segunda de sus valoraciones, es consecuencia de la primera: cuando un conjunto de rasgos cumple con la capacidad de comunicación, sólo entonces se convierte en signo y mantiene su inmutabilidad. Pero incluso en este caso hay que distinguir entre las diferencias de significante y la estabilidad, mucho mayor, del significado. Buena muestra de ello nos la dan los análisis de polimorfismo. Ya decía Saussure que la estabilidad del código se lograba por el carácter inmutable de los signos, lo que es muy distinto de sus posibilidades de relación, que es en lo que Cuvillier se na fijado. Este carácter estable dentro de la continuidad temporal es lo que hace que un hecho lingüístico pueda ser una uni-

---

[9] A. Cuvillier, *Introducción a la Sociología.* (Trad. F. Setaro). Buenos Aires, 1968, pág. 101.

dad sociológica, como lo es —por ello mismo— cualquier tipo de instituciones [10].

Esto nos sitúa ante el problema de la oposición ciudad-campo y sus consecuencias lingüísticas inmediatas. Porque todos los caracteres que se consideran típicos de la vida urbana (heterogeneidad de procedencia de sus componentes, especialización e interdependencia, movilidad geográfica, impersonalidad de los miembros, enfrentamientos de tipo secundario, etcétera), crean un tipo cultural específico, dotado de su propio equilibrio capaz de responder a las nuevas necesidades que han surgido y a las que hay que atender. Pero las diferencias entre habla urbana y habla rural desaparecen muchas veces o —si se quiere— se nivelan con frecuencia como resultado de los hechos sociológicos; son los llamados procesos de exurbanización y de rurbanización. Una situación creada por la comunicación de masas (televisión, radio, cine, periódico) va uniformando la tradicional oposición de los grupos urbanos y campesinos; lo que es específico de la ciudad penetra en las más apartadas zonas rurales, que pierden su aislamiento para estar dentro de la información más reciente. De otra parte, la aparición de camiones, tractores, coches, etc., crean nuevas clases entre el campesinado y le dan una movilidad que antes no tenía. De esta manera, hay ciudades que —cada día— cambian su fisonomía por la llegada mañanera de miles y miles de campesinos que se trasladan para quehaceres heterogéneos, bien opuestos al sedentarismo primitivo.

Estos hechos generales afectan también al análisis de una modalidad urbana, según acabamos de ver. Cada grupo que integra esa sociedad está constituido por una serie de personas que actúan de acuerdo con una serie de valores que en ellos son funcionales. De ahí que, desde un punto de vista lingüís-

---

[10] Cfr. F. Munné, *Grupos, masas y sociedades. Introducción sistemática a la sociología general y especial.* Barcelona, 1970, págs. 214-215.

tico haya una serie de comportamientos que responden a cada uno de los *stati* culturales en que podemos ver escindida a esa sociedad. Entonces encontramos cómo la archisabida oposición campo-ciudad se relaja en las zonas marginales, donde los contactos son más asiduos. Por otra parte, las diferencias entre cada grupo tampoco tienen en todo momento el carácter tajante de una limitación geográfica o de estrato como ocurre en el ordenamiento de otros hechos sociales. Hay, sí, fenómenos lingüísticos rechazados por las clases más instruidas, pero, en otros encontramos tolerancia social, resultado de un intercambio más dinámico que en los motivos que analizan los sociólogos [11]. Por otra parte, la movilidad en lingüística es —con todas las limitaciones que tendríamos que poner a una generalización— mucho más fácil y rápida que en los demás contextos.

Entonces resulta que la ciudad tiene una especial fisonomía lingüística, compleja y variadísima, difícil de reducir a una serie de comportamientos universales (aunque participe de ellos), pero difícil también de verla como una estructura monolítica por cuanto es, en sí misma, un mosaico de relaciones de todo tipo. La ciudad está ahí, con su personalidad lingüística distinta del campo y amparando bajo su cobijo los intentos de fragmentación que surgen en su seno. Modalidad que fuerza a una nivelación para que sea posible la comprensión dentro de la dispersión impuesta por variados tipos de vida o de intereses. Realización intermedia entre el estatismo de las fuerzas tradicionales y la evolución tumultuosa, sin norma y sin equilibrio. Principio moderador de la evolución lingüística y regulador de las modificaciones que —en su eclosión violenta— pudieran afectar a la total comprensión del sistema.

---

[11] Téngase en cuenta lo que apunta Dell Hymes en *Two Types of Linguistic Relativity*, apud *Sociolinguistics* (edit. W. Bright). La Haya-París, 1966, pág. 114.

LAS GRABACIONES Y LA DIALECTOLOGÍA

Puede decirse que del Laboratorio de Fonética Experimental de la Universidad de Coímbra ha salido un fuerte impulso para la aplicación de los métodos magnéticos a la dialectología. Uno de los trabajos de que voy a ocuparme lo reconoce taxativamente[1]; otro, tiene en cuenta las experiencias de Armando de Lacerda[2] y los trabajos que, al dominio portugués, han dedicado este investigador y su discípulo sueco.

En tal sentido, la tesis doctoral de Göran Hammarström (1953) es el primer estudio que en cualquier país románico se dedicó a la descripción de un dialecto mediante el nuevo procedimiento. Nació de este modo el método que Hammarström llama de «transcripción fonética indirecta», en oposición al tradicional o de «transcripción fonética directa»[3]: el moderno

---

[1] Göran Hammarström, *Étude de phonétique auditive sur les parlers de l'Algarve*. Uppsala - Estocolmo, 1953, pág. 6. Cfr. también la bibliografía de la nota 10, donde hay trabajos menores en los que se repiten muchos de estos extremos. El mismo método sigue Mary L. Nunes en un trabajo simplemente enunciativo: *The Phonologies of Cape Verdean Dialects of Portuguese (BFil*, XXI, 1962-63, págs. 1-56).

[2] Manuel Companys, *Les nouvelles méthodes d'enquête linguistique (VD*, III, 1956, págs. 89-138, y V, 1958, págs. 49-167). Por lo demás, este estudio —extraordinariamente minucioso— está en relación con los de Hammarström (vid. la nota 48 de *VD*, V, pág. 143).

[3] *Op. cit.*, págs. 12-17.

procedimiento consiste en grabar por medio del magnetófono
y sólo ulteriormente se transcriben los materiales.

Cierto que el método aporta ventajas indudables a los procedimientos tradicionales, pero conviene tener en cuenta que,
normalmente, sólo se ha hablado de la posibilidad de repetir
una respuesta tantas cuantas veces sea posible[4]. Sin embargo,
es preciso no olvidar que las transcripciones dependen en buena medida del oído del explorador, y no es extraño que la te-
mida transcripción impresionista se repita una y otra vez, porque, con y sin repetición, el oyente reaccione siempre de una
misma manera ante los estimulantes externos.

Los aparatos aportan posibilidades de trabajo que la encuesta directa no puede ni soñar (conservación de la voz, utilización de la cinta en procedimientos experimentales, repetición, etc.), pero conviene no caer en el espejismo de que sólo
los aparatos nos permiten un trabajo veraz. Porque, en la transcripción, la vista colabora con el oído y el aparato será un efi-
cacísimo colaborador, pero no creo que pueda sustituir totalmente a la actividad del explorador. Exagerando ventajas e
inconvenientes nos apartamos de la verdad y la eficiencia: la
transcripción de un profesional avezado no alarga las encuestas
hasta límites que las hagan insufribles, ni ahorra tantas horas
el magnetófono como para creer que se puede «réunir en peu
de temps des matériaux considérables»[5]. No me parece cierto

---

[4] J. Fourquet, *La dialectologie alsacienne à l'Université de Strasbourg
depuis 1945 (Orbis,* I, 1952, pág. 187); Hammarström, *op. cit.,* pág. 13;
Companys, *art. cit.,* III, pág. 130. Vid. también las observaciones de A. de
Lacerda, *Recolha,* ya cit. en la n. 64 del capítulo anterior, pág. 130.

[5] Cierto que cuando Hammarström describe las condiciones de su
encuesta no queda muy claro si grababan dos máquinas a la vez, o no
(pág. 18), si las preguntas formuladas eran repetidas con cada uno de los
informantes o no, y falta el nombre de cada uno de sus colaboradores.
Añadamos todavía: «une partie des enregistrements a été faite sans que
nous ayons choisi le locuteur en fonction de critères rigoureux» (página 21). La prisa en recoger los materiales consta también en A. de
Lacerda («procurou-se fazer o registro com toda a possível brevidade,

que, gracias al magnetófono, podremos recoger rápidamente lo que buscamos y liberaremos así de un trabajo enojoso al informante que tenga poco tiempo para dedicarnos. ¡Qué más querríamos cuando recogemos la conjugación, pongo por caso! Y pienso que en la encuesta demorada, con y sin aparato, se allegan infinidad de materiales que exigen el tiempo de todos, del informante y del recolector. Y queda, para no dejarnos engañar, la penosa y lentísima. tarea de transcribir de cintas, lejos del medio donde aquel dialecto se habla. Lo que no deja de tener, también, sus inconvenientes. Pues no se puede creer ingenuamente que, recogidas las grabaciones, se obvia la impresión fonética que una encuesta puede ejercer en la transcripción de la siguiente, ya que el oído del explorador puede resultar condicionado a distancia —de kilómetros y de años— tanto si transcribe *in situ*, como en el laboratorio. Permítaseme unos ejemplos españoles: peninsular el uno, canario el otro. Cuando se publicó una monografía sobre Cabra [6], en zona donde el paso *-as* > *ä* tiene plena vitalidad, no se percibió el carácter palatal de la *a*, porque Navarro Tomás, en un trabajo al que ya me he referido, había señalado el carácter velar de ciertas *aes* andaluzas. Recíprocamente, cuando se oyó la *a* velar canaria de los plurales aspirados *(-as* > *-ah)* se dijo que la «*a* abierta de Tenerife no es velar, sino palatal» [7], con lo que se caía en el error contrario, porque allí la *a* es velar, y es que, tal vez, actuaba a distancia la ilusión de la *ä* andaluza. Claro que estas aporías vino a resolverlas la fonética experimental y, en el segundo caso, el análisis espectrográfico, gracias a que las en-

---

de modo a evitar um decréscimo da curiosidade e deferência iniciais do locutor e evitar perdas de tempo que poderiam prejudicá-lo», *Recolha*, ya cit., pág. 133), en unos términos y con un sentido que no me parecen recomendables.

[6] L. Rodríguez-Castellano y A. Palacio, *El habla de Cabra (RDTP*, IV, 1948, págs. 398-400).

[7] No hace al caso decir ahora si la *a* palatal o velar es, a humo de pajas, abierta, sin más.

cuestas del Atlas de Canarias se han grabado casi siempre [8]. He aquí, pues, un caso en el que la grabación ha venido a dirimir, y no es el único, un pleito y dos testimonios de que la mala audición no depende del método directo, sino del prestigio de unos trabajos sobre los investigadores posteriores.

Si tenemos en cuenta las grandes ventajas del método, pero no cayendo en el entusiasmo del neófito, podremos considerar las positivas aportaciones que la grabación ha traído a las encuestas dialectales, según los resultados de que ya disponemos. Pero conviene no olvidar que el magnetófono no es la panacea que pueda resolver todos nuestros problemas. A cualquier dialectólogo le chocará encontrar esa fe ciega en la máquina y tan poca en la lenta elaboración de los criterios científicos, llevada a cabo por los más grandes romanistas. Así, en el Algarve los materiales se grabaron con gentes de muy varia edad: desde diecisiete años (un sujeto de Monchique) a setenta y tres (otro de Silves), aparte niños de once (uno en Lagos), trece (otro en Alvor) y catorce (otro en Silves); en Alte se allegaron los datos sólo de cinco muchachas de quince a veinte años, y en Monte Gordo fueron utilizados únicamente dos niños (de doce y trece años). Creo que tal sistema de trabajo —y otros criterios de selección en los que no puedo detenerme— atentan contra unos principios bien sólidamente establecidos, como los planos generacionales, los niveles socio-culturales o las condiciones generales que debe reunir un mediano —ya que no un óptimo— «locutor».

Por otra parte, la pretendida espontaneidad que se busca con estos procedimientos de investigación no es distinta de la que se persigue por los procedimientos tradicionales. Por eso no creo admisible emplear enumeraciones o rezos, que dan una entonación distinta de la normal, y en la que las sílabas finales se pierden en la monotonía del cuento. A mi modo de ver, la

---

[8] Vid. *ZRPh*, LXXXII, 1966, págs. 516-518, y figuras 1, 2, 11.

lista de los días de la semana, los números del 1 al 21, el Padrenuestro o el Ave María no son los mejores procedimientos para recoger esos materiales idóneos a los que se aspira en cualquier encuesta dialectal, no importa el método que previamente se haya elegido[9]. Si resulta que sólo son válidos, o espontáneamente válidos, los materiales conseguidos por medio de láminas, el método magnético habrá quedado reducido a recoger en cinta una serie de respuestas. Lo que, en verdad, es muy importante, pero concreta su importancia a unos justos límites, que habíamos señalado previamente: conservación de la voz y posibilidad de futuros estudios, utilización de la cinta en análisis experimentales y repetición de los fragmentos necesarios de comprobación. Pero para que estos innegables méritos sean potenciados en cuanto valen, es preciso no olvidar los procedimientos tradicionales de recogida de materiales y las enseñanzas de casi cien años de encuestas dialectales[10].

En el dominio hispánico, las grabaciones se han aplicado a la recogida de materiales dialectológicos. Ya en el *ALEA* se usaron viejos magnetófonos de hilo, bien poco útiles y seguros. Aparatos modernos vienen empleándose por doquier. Gracias a su aplicación han podido dirimirse viejas dudas como, por ejem-

---

[9] Como tampoco vale el apartado 1 de la pág. 33 de la tesis de Hammarström (texto leído), porque la mayor parte de los sujetos eran analfabetos. Entonces resulta que espontáneamente sólo se obtuvieron los llamados «textos variables», cuyos datos —indudablemente valiosos— no permitirán una comparación rigurosa de todos los materiales, y el cuestionario de 37 láminas. A. de Lacerda señaló los defectos de recoger los materiales fónicos en las oraciones *(art. cit.*, pág. 136): lo que sorprende es que hicieran falta las encuestas para apreciar el hecho. Otro tanto les ocurrió con la enumeración del 1 al 21; aún resulta más pintoresco que a sujetos analfabetos *(art. cit.*, pág. 132) se les hiciera contar a la inversa para obtener «una elocução fluente e natural» (pág. 135).

[10] G. Hammarström recogió muchas ideas de su tesis en un trabajo *(Importance des enregistrements et de la transcription phonétique indirecte pour la dialectologie)* publicado por *StN*, XXVII, 1955, págs. 43-52. Vid. también Armando de Lacerda y G. Hammarström, *Transcrição fonética do Português normal (RLFE*, I, págs. 119-135).

plo, la existencia de una *zeta* postdental en las islas Canarias, suficientemente distinta de la *s* predorsal de las hablas insulares. Se vio así que el carácter dental de esta *s* hacía disminuir la intensidad del negror en el segmento correspondiente, lo que viene a poner en relación la *s* canaria con la θ peninsular: una y otra acústicamente son mates, mientras que la *s* castellana es estridente; en segundo lugar, los refuerzos horizontales que se ven en los espectrogramas de la *s* canaria son semejantes a los formantes inarmónicos de la castellana, lo que hace a la *s* insular participar del carácter acústico de la θ. La articulación de.este sonido se realiza con el ápide lingual apoyado en los incisivos inferiores y con dos estrechamientos del predorso de la lengua: uno contra los alvéolos y otro contra los incisivos: según predomine la resonancia de uno u otro estrechamiento, la articulación se acercará a *s* (predominio .de construcción alveolar) o a θ (predominio de construcción dento-superior) [11].

La eficacia de estas investigaciones con aparatos se ha podido comprobar también en el español de América. En Méjico, Lope Blanch y yo hemos usado del método de «transcripción directa» y de grabación, procediendo simultáneamente. Después, en las clases de seminario, se repetían tantas cuantas veces era preciso la audición de cada sonido. No siempre la repetición conseguía unificar nuestros criterios, pero la cinta quedaba dispuesta para ulteriores análisis. Así, con registros hechos en Oaxaca [12], he podido comprobar el enorme desarrollo que, en el español de esa región, tiene el elemento vocálico de la *r*, muy superior al del español común; la tensión de las oclusi-

---

[11] Vid. *ZRPh*, LXXXII, 1966, págs. 519-522, y figs. 5-10. Motivación semejante tiene el trabajo de M. Alvar y A. Quilis, *Datos acústicos y geográficos sobre la «ch» adherente de Canarias (AEA, XII, 1966, páginas 337-343).*

[12] Vid. *Algunas cuestiones fonéticas del español hablado en Oaxaca (Méjico)*, en prensa en la *NRFH*.

vas iniciales, mayor, también, que la de sus correspondientes peninsulares; la gran abertura de la *y* intervocálica o inicial; el rehilamiento de la *y* en otros casos; la naturaleza de la *ch* (predominio del momento oclusivo) y el carácter velar de la *-n*. Hechos que de por sí confirman el valor que tienen los registros magnéticos[13] y que, probablemente, hubieran sido descritos con precisión mucho menor si la encuesta no hubiera sido grabada, pero conviene recordar unas palabras de Herculano de Carvalho llenas de ponderación y buen juicio: «Não quero quebrar lanças por este ou aquele método de trabalho. Parece-me aliás que a discussão a este respeito não faz grande sentido. A gravação em fita sonora não vem suplantar mas completar os antigos métodos de inquérito directo e apreensão imediata»[14]. Palabras que proceden de un autor que, habiendo usado los recursos de la dialectología tradicional, llevó a cabo su descripción fonológica del mirandés sobre unos textos de grabación sonora. Justamente, después de este riguroso aprendizaje con una y otra técnica, llegó a escribir: «A transcrição, não integral mais de longas passagens, dos extensos textos que cons-

---

[13] En el Colegio de México se han grabado muchísimas encuestas, tanto para intentar la caracterización dialectal de la República, como para el estudio de la frecuencia de los indigenismos o la norma culta de la capital. El profesor Juan M. Lope Blanch ha dirigido todos estos trabajos. En nuestras investigaciones conjuntas hemos registrado unas cincuenta encuestas fonéticas usando el mismo cuestionario (lo describo en *Polimorfismo de Ajusco,* ya citado, *AL,* VI, § 4). No hago constancia en este lugar de trabajos de fonética experimental que usan o no del magnetófono, pero que, en rigor, no pertenecen a esta valoración de las grabaciones para los estudios dialectales; sin embargo, séame permitido señalar su existencia en época reciente: D. Alonso, A. Zamora y María J. Canellada, *Vocales andaluzas (NRFH,* IV, 1950, págs. 209-230); de los dos últimos investigadores, *Vocales caducas en el español mexicano (ib.,* XIV, 1960, págs. 221-241; sobre la cuestión, vid. J. M. Lope Blanch, *En torno a las vocales caedizas del español mexicano, ib.,* XVII, 1963-1964, págs. 1-19); B. Malmberg, *Estudios de fonética hispánica,* Madrid, 1965 (colección de diversos estudios sobre el español general y el de América).

[14] *Fonologia ₁mirandesa,* ya citada, pág. 17.

tituiem estas gravações, foi um demorado trabalho de paciencia, com não poucos momentos de desânimo, quando certas finuras de pronúncia, numa dicção quaese sempre rápida e descuidada, parecia decididamente escaparem a toda a tentativa de apreensão pelo ouvido»[15]. En Gascuña, el método indirecto fue aplicado con brillante éxito. Ya en el t. I del *ALG,* el mapa 1 señala los puntos donde se hizo grabación magnetofónica, pero estos registros no fueron otra cosa que el anticipo de otros mucho más importantes. A partir de 1953 se organizó la fonoteca del Instituto de Estudios Meridionales de la Facultad de Letras de Toulouse, pero sólo desde 1956 las investigaciones cobraron un impulso mayor: se trataba de recoger exhaustivamente unos cuantos problemas morfológicos y sintácticos, que fueron encargados a Xavier Ravier. Este investigador tuvo la fortuna de descubrir «une véritable mine de folklore musical en gascon», que dio base a un importante estudio que publicó en colaboración con J. Séguy[16]. He aquí, pues, cómo una empresa iniciada con un carácter puramente dialectal vino a rebasar sus límites iniciales para caer en un mundo totalmente distinto. Sin duda, la grabación permitió recoger este segundo aspecto, el estrictamente musical[17], pero, también desde ella, se llevaron a cabo las transcripciones fonéticas de cada uno de los seis textos editados[18].

---

[15] En la misma página que la referencia anterior. El propio profesor Lacerda señaló los inconvenientes —y no pequeños— de la reiteración auditiva de unos mismos registros *(Recolha,* ya cit., pág. 143).

[16] *Chants folkloriques gascons de création locale récemment découverts dans les Pyrénnées (VD,* VI, 1959, págs. 1-123).

[17] La transcripción de cantos por el procedimiento indirecto es una de las tareas más penosas e inseguras que se pueden emprender. Puedo asegurarlo tras haber transcrito con amarguísimo trabajo muchos cantos sefardíes. En este dominio creo imprescindible la recogida simultánea, si es que se quiere entender las grabaciones.

[18] Vid. Séguy, *Cartographie phonologique,* ya cit., págs. 1032-1033 y 1041.

CONCLUSIONES

Toda la enumeración anterior creo que atenúa mucho los juicios negativos formulados contra la romanística general y su dialectología en particular. El hecho de que ni una ni otra no puedan regir los destinos de todas las lingüísticas no quiere decir sino que los planteamientos actuales son mucho menos limitados que a principios de siglo. En los inicios de nuestra ciencia, el indoeuropeísmo y su hijuela la filología clásica señalaron unos carriles a los que el romanismo se atuvo fielmente; vinieron después el idealismo y la geografía lingüística, y entonces el cetro pasó a los romanistas. Pero ni antes ellos, ni los filólogos clásicos después, estuvieron al margen de los progresos: cada escuela encontró en campos distintos sus propias posibilidades de realización. Fue justamente en esos períodos cuando se alzaron voces repetidas para negar la separación de lingüística y lingüística románica: no hay sino lingüística, porque todos los problemas se trasvasan y revierten. Y lo mismo ocurre hoy: ¿se podrá negar la participación del romanismo actual a los problemas teóricos? ¿Se puede prescindir de la dialectología románica o cerrar los ojos ante sus progresos? Creo que suele faltar objetividad y perspectiva.

En unas cuantas parcelas de nuestras investigaciones hemos visto cómo los dialectólogos no se han desentendido de los progresos más recientes, e incluso han aportado algo que es decisivo: el sentido de la realidad. Si se crea un nuevo humanismo, no es para especular sin el hombre, sino para tenerlo bien presente ante nuestros ojos y no perdernos en las nubes. Una vez más es válida la frase de Nietzsche, a la que la dialectología da un sentido bien próximo: «pero vosotros permaneced fieles a la llamada de la tierra». Por otra parte, esa fidelidad a la llamada de la tierra impide el divorcio con la historia, porque en la historia están las explicaciones de nuestras diferencias y de nuestras semejanzas. Al aplicar el *L-complex* de Hockett a los dialectos germánicos, se llegó a un callejón sin salida, y sólo la diacronía pudo sacar del atolladero; con otras palabras: «la investigación no puede ser completa, y deforma, falsifica la realidad, si estudia la lengua aislándola de los factores llamados *metalingüísticos*, o sea del entorno que determina sus varios aspectos, sobre todo si este aislamiento se hace no sólo desde un punto de vista concreto, metodológico, sino también en un sentido absoluto, según el ejemplo de las llamadas ciencias exactas, sobre todo las matemáticas» [1].

Ahora bien, el estructuralismo no es una doctrina uniforme ni doctrinalmente sin fisuras: ante tales hechos, no resulta viable hablar en bloque de «estructuralismo y dialectología» y dogmáticamente decidir si concedemos o no los beneficios de

---

[1] Hutterer, *op. cit.*, págs. 14-16 y, especialmente, la 17, de donde procede la cita. A resultados semejantes se llega desde una especulación marxista, cfr. D. P. Gorski, *Lenguaje y conocimiento*, en el libro —ordenado por él mismo— *Pensamiento y lenguaje* (3.ª edic.). Méjico, 1966, página 105. La pretendida vinculación de la lingüística con las ciencias exactas se expone, entre otros, por Benjamin L. Whorf en *Science and Linguistics* y *Linguistics as an Exact Science*, trabajos de 1940, incluidos en el libro *Language, Thought and Reality*, editado por John B. Carroll (Cambridge, Mass., 1964); para el rumano puede verse el estudio de S. Marcus y Em. Vasiliu, *Matematica şi Fonologie. Teoria grafelor şi consonantismul limbii romîne (FD, III, 1961, págs. 16-55). En 1961, y bajo los cuidados de Roman Jakobson, se publicó la obra *Structure of Language and its Mathematical Aspects* (Proceedings of Symposia in Applied Mathematics, XII).

la nueva fe. Toda exageración se aparta de la verdad. La dialectología es lingüística, seca y llanamente. Saussure habló de «lingüística interna» y «lingüística externa», pero se trata de una cuestión de nomenclatura: la «lingüística interna» es la «lingüística»; la «lingüística externa» no es lingüística, sino técnicas o ayudas para ella. La dialectología, por sus medios (metodología) y por sus fines (teleología), es autónoma dentro de la ciencia del lenguaje, pero no más, ni tampoco menos, que cualquiera otra parcela de nuestra ciencia general; métodos y fines hacen que sea lingüística, sin otros adjetivos. No se trata de ver qué debe hacer la dialectología, o qué debe hacer el estructuralismo, sino de comprender en qué medida se pueden beneficiar ambos campos, sin tener que inmolar, por «demodés», unos procedimientos que distan mucho de haberse agotado [2]. Si dialectólogos no romanistas han llegado a la conclusión de que cabe hacerse una dialectología estructural, no de otro modo los de nuestras lenguas, que, además, han perfilado los principios teóricos, han determinado su viabilidad práctica o han mostrado su insuficiencia en otras ocasiones. Y esto sin olvidar que los nuevos caminos han llevado también a los viejos descubrimientos de la dialectología románica, como en la conexión de idiolecto y dialecto, la participación del individuo en la evolución del lenguaje o en los sistemas como producto de mestizaje lingüístico.

No hace mucho, A. Graur señalaba el riesgo de interpretar incorrectamente la participación que los factores internos y los

---

[2] Suscribo estas palabras de Coseriu: «toda la lingüística debe ser estructural, puesto que las estructuras del habla son reales. Pero el estructuralismo no es toda la lingüística, y el error de varios estructuralistas está sólo en pretender que lo sea; por ej., en pretender dar ''definiciones estructurales'' de las categorías lingüísticas, olvidando que el enfoque estructural no corresponde al plano de las definiciones, sino al plano de la descripción. Y, naturalmente, toda la lingüística debe ser funcional, puesto que los hechos lingüísticos se determinan por su función» *(Sincronía,* pág. 123, nota 65).

externos puedan tener en la historia de la lengua[3]. Para unos
(los estructuralistas) no hay conexión entre la evolución de la
lengua y la evolución de la sociedad; para otros (N. I. Marr)
no hay posibilidad de evolución interna. Una y otra postura
son erróneas, puesto que no se puede hacer abstracción de la
sociedad al analizar un hecho social como es la lengua, pero
tampoco se puede ignorar que en toda transformación los factores más importantes son los internos. El equívoco ha estado
en considerar la lengua sólo como un sistema de signos, cuando
es, además de ello, un instrumento de comunicación. Por eso
la imagen de los idealistas sigue siendo parcialmente válida: la
lengua es un «espejo» de la vida, pero añadiría, no la vida, y,
si ésta cambia, sus modificaciones se sensibilizan en la imagen
que el espejo refleja. Tiene razón Graur al señalar que lo importante no es el espejo, incapaz de condicionar la realidad, sino
la realidad misma. Ahora bien, los elementos externos entran
en la lengua no masivamente, sino poco a poco, y conforme
penetran se asimilan a los antiguos convirtiéndose en elementos internos, por eso no se puede decir que los elementos externos tengan primacía sobre los internos, sino al revés, ya que
son éstos los que constituyen el fondo sobre el que se adoptan
o rechazan los elementos venidos de fuera[4].

---

[3] *Le rapport entre les facteurs internes et les facteurs externes dans
l'histoire de la langue (RL,* X, 1965, págs. 69 73). Cfr., también, P. Ivić,
art. cit., pág. 49.

[4] A conclusiones semejantes llega María José de Moura Santos: distintos tipos de contacto considerados sincrónicamente no alcanzan a
explicar hechos que se aclaran en la historia *(Histoire et bilinguisme:
faits et problèmes autour de la frontière hispano-portugaise,* en las *Actes*
X⁰ CILPhR, III, págs. 1253-1259). Y no dejan de ser importantes las palabras que copio seguidamente por proceder de un estructuralista de tradición americana: «Both originality and conservatism or progressiveness
of dialects may have historical or geographical causes» (P. Ivić, *art. cit.,*
página 43). J. Fourquet, *art. cit.,* pág. 201, viene a situarse en esta misma
línea cuando habla de las causas extra-lingüísticas que dan lugar al nacimiento de nuevos sistemas.

Si en líneas anteriores señalaba el riesgo en que se puede caer al olvidar la historia [5], el sociologismo vuelve a situarnos en contacto con el hombre. Entonces surgen los estudios de distintos niveles o grupos sociales desde un punto de vista lingüístico. Trabajos de esta naturaleza no cuentan con demasiada proliferación en ningún campo; sin embargo, importa decir cómo nuestra dialectología actuó de pionera contra el esquematismo de los neogramáticos, cómo ha emprendido grandes tareas en el mundo actual y cómo ofrece un campo de infinitas posibilidades. Pensando en este quehacer sociológico de la dialectología románica parecen, no por muy verdaderas, obvias en cualquier tiempo unas palabras escritas por Jakobson: «Rappeler que la lingüistique appartient aux sciences sociales et non à l'histoire naturelle, n'est-ce pas aujourd'hui émettre un truisme évident?» [6]. Si unos lingüistas viejos pensaron en las ciencias naturales, otros, nuevos, lo hacen en las matemáticas. Y conviene no olvidar la conexión que los dialectólogos romanistas han hecho, desde hace muchísimos años, entre la sociología y la difusión geográfica de las isoglosas, ni que la dialectología románica ha obligado a ver a tales sociólogos [7] que la especulación debe hacerse apoyando los pies en el suelo, y entonces nos damos cuenta cómo los contextos sociales no son siempre idénticos, por más que como idénticos aparezcan; como no lo fueron tampoco las leyes de los neogramáticos. Por eso las generalizaciones, gracias a la dialectología románica, han venido a ser precisiones bien concretas: si las ordenaciones sociales nacen por la agrupación de los hombres, no es

---

5 No me parece retórica la pregunta de G. Francescato: «Ma può mancare il senso storico a un buon romanista?» *(Struttura Linguistica e dialetto,* en *Actes* du X⁰ CILPhR. París, 1965, t. III, pág. 1013).

6 *Sur la théorie des affinités phonologiques entre les langues,* apud N. Trubetzkoy, *Principes de Phonologie.* París, 1949, pág. 350.

7 No se me ocultan las diferencias que hay entre *sociología del lenguaje* y *sociolingüística,* me remito a la obra, ya citada, de Bright, *Sociolinguistics,* pág. 11.

menos cierto que éstos sólo cobran sentido en el contexto social al que pertenecen [8]. Y así se resuelven las minucias y contradicciones que podían inferirse de trabajos afines en cuanto a su objeto, pero insolidarios en cuanto a su conexión. Por lo que respecta a la «encuesta de transcripción indirecta», la aplicación y utilidad en el mundo románico está fuera de cualquier discusión. La polémica —bien innecesaria a mi modo de ver— surge entre los propios partidarios. Cualquier técnica que mejore nuestra percepción debe ser bien venida, pero no nos comportemos como niños con juguetes nuevos: la técnica es técnica, no ciencia. La ciencia tiene sus propios fines, y son ésos los que han elaborado durante una centuria la dialectología románica. Resulta pueril olvidar una metodología que ha llegado a los fines científicos más rigurosos porque poseamos un magnífico procedimiento para grabar: son cosas que no se oponen.

Al concluir, creo que el panorama que nos ofrece la dialectología románica no es ni tan alegre como para pensar que poseemos toda la verdad, ni tan pesimista como para creer que nos hemos convertido en rémora que sigue, ajena a sí misma, el caminar de la nave. Los procedimientos tradicionales de la dialectología románica no se han agotado; antes al contrario, adaptados a las exigencias de los tiempos, han reverdecido con increíble lozanía; no es precisamente esto prueba de esterilidad. Pero esta dialectología no se ha clausurado en unos métodos que inventó, desarrolló y actualizó, sino que ha participado en la evolución de la lingüística discutiendo, aceptando o rechazando las innovaciones metodológicas que pudieran venir de cualquier campo: lo que tampoco es muestra de decrepitud. Entre todos sabemos todas las cosas. Principio harto relativo, pero en el que acaso tengamos que vernos proyectados:

───────────
   [8] Cfr. Adam Schaff, *Langage et réalité*, apud *Problème du langage*, volumen misceláneo de la «Collection Diogène». París, 1966, pág. 169.

la dialectología se renueva en sus propios métodos y en los que la lingüística general le ofrece, pero obliga, en última instancia, a frenar las especulaciones teóricas para recordar que los ojos sólo ven sobre la tierra de los hombres [9].

[9] Merece la pena que tengamos en cuenta las páginas finales del ensayo *Estructuralismo y antihumanismo* de V. Li Carrillo (Universidad Central de Venezuela. Caracas, 1968).

II

LA CARTOGRAFÍA LINGÜÍSTICA

Para Antonio Llorente y Gregorio Salvador, abnegados en el esfuerzo, leales en la amistad.

INTRODUCCIÓN

En uno de sus últimos estudios[1], Karl Jaberg planteaba teóricamente la necesidad de que coexistan atlas lingüísticos de grandes y pequeños dominios[2]. Sus mismas definiciones[3] —que he tenido en cuenta en algún estudio de geografía lingüística[4]— vienen a suscitar la total separación de intereses. Ahora bien, la postura especulativa de Jaberg no es teórica, sino que está condicionada por una realidad floreciente: la multiplicación de los Atlas regionales.

En los países románicos, el nuevo estado de cosas adquiere cuerpo con el *Nouvel atlas linguistique de la France par régions*. Su promotor, Albert Dauzat, ha ido exponiendo a partir de 1942 los alcances y elaboración de la obra[5]. El *NALF* pretende di-

---

[1] Véase su bibliografía en S. Heinimann, *Karl Jaberg (1877-1958)* (VR, XVII, 1958).

[2] *Grossräumige und kleineräumige Sprachatlanten* (VR, XIV, 1955, páginas 1-61).

[3] «Ein Grossatlas (Nationalatlas) ist die Kartographische Projection der mundartlichen Eigentumlichkeiten eines Landes» (pág. 5); «die charakteristik des Kleinatlases, speziell des Regionalatlases... [ist] die kartographische Darstellung eines, mehr oder weniger geschlossenen Mundartgebietes, das sich durch die Kombination typischer sprachlicher Eigenheiten von den Nachbarmundarten abhebt» (pág. 7).

[4] *El Atlas Lingüístico-Etnográfico de Andalucía* (PALA, I, 4, 1959, páginas 2-3).

[5] Reúno bibliografía en el trabajo que cito en la nota anterior, pág. 2, nota 2. Véase también J. Séguy, *Les noms du têtard dans l'ALG*, «Ann. Fac. Lettres Toulouse», 1952, pág. 126, nota 2.

versos objetivos: unos absolutos (salvar los últimos restos de los dialectos franceses), otros relativos (mejorar el *ALF*, conocer la evolución de las hablas rurales en los últimos cincuenta años, estrechar la red tendida por Gilliéron)[6]. El proyecto contó pronto con dudas y reservas: S. Pop manifestó, de modo sistemático, sus restricciones con respecto a unos entusiasmos prematuros[7]; aunque las réplicas de Dauzat y Séguy[8] consiguieron puntualizar algunos extremos, para otros quedan en pie las salvedades formuladas.

Bien es verdad que la obra de Dauzat no surgía de la nada. Precisamente en Francia una pléyade de Atlas locales podían servir de antecedente a la obra proyectada. En efecto, una serie de obras dedicadas a la cartografía lingüística había inventariado las peculiaridades·fonéticas o léxicas de Normandía (Guerlin de Guer), de Las Landas (Millardet), del Nivernais (Meunier), de las Ardenas (Brunot), de Córcega (Gilliéron-Edmont), de los Vosgos meridionales (Bloch), de Bretaña (Le Roux), de las Tierras Frías (Devaux), de Auvernia (Dauzat); en estas obras podía verse el antecedente de un futuro Atlas Lingüístico de Francia, que viniera a llenar ciertas necesidades: afinamiento en la recogida, aumento de puntos a investigar, salvar las particularidades locales.

En cierto punto era esto lo que había hecho Griera en Cataluña[9]. Siguiendo con gran fidelidad los métodos de Gillié-

---

[6] Sigo la exposición de *La géographie linguistique*. París, 1944, páginas 26-27, si no la más pormenorizada, la última de las que hizo. La información más minuciosa está en el *Nouvel atlas linguistique de la France par régions*. Luçon, s. a. [1942] (es un folleto de ocho páginas).

[7] *La Dialectologie*. Gembloux, 1950, págs. 136-151.

[8] En *Le Français Moderne*, 1951, págs. 90, 225-232, 241-263.

[9] *Atlas Lingüístic de Catalunya*. Barcelona, 1923-1936. La obra se continuó muchos años después, y estos materiales se imprimieron en 1963 (cfr. M. Alvar, *Los atlas lingüísticos de España*, en *PFLE*, I. Madrid, 1963, págs. 417-418).

ron [10], limitó sus investigaciones a una sola región. Ahora bien, ni Griera en Cataluña, ni Edmont en Córcega [11], hacían Atlas regionales: lo que estudiaban eran estructuras lingüísticas independientes de la organización nacional (España, Francia). Por eso sus obras tienen carácter «nacional», lingüísticamente hablando, ya que abarcan dominios lingüísticos completos. (En el caso de Griera, no sólo Cataluña, sino Valencia, Baleares, un punto en Cerdeña, cinco en la Cataluña francesa, y, como piedra de toque, el dialecto gascón del Valle de Arán y el aragonés de Huesca). Ahora bien, justamente en el *ALC* estaba, a mi modo de ver, el germen de un fecundo desarrollo: Griera usó, ampliado, el mismo cuestionario que Edmont había interrogado en Córcega. Reconocía, tácitamente, un criterio unitario, de filiación, hacia la obra de Gilliéron. He aquí un principio fructífero: un cuestionario de validez general (el de Francia, ampliado para Córcega; el de Córcega, adaptado a Cataluña) puede ser utilizado en una región limitada siempre y cuando se acomode a las nuevas necesidades.

Así, Dauzat ha proyectado el *NALF*. Su criterio se aparta totalmente de los atlas regionales franceses que he aducido. Aquéllos no buscaban un alcance general; cada uno era independiente de los demás y con dificultad se podría obtener una imagen coherente de la realidad lingüística de Francia. Con el *NALF* se pretende, ante todo, la imagen conexa [12] y, por añadi-

---

[10] Sobre todo después de la experiencia de Córcega, Jaberg dice textualmente: «M. Griera présente son oeuvre comme une continuation de *l'ALF*» («Romania», L, pág. 7, cito por la separata).

[11] Otra era la pretensión de Bottiglioni al demostrar la «italianità» lingüística de Córcega. Sobre el tema, vid. el trabajo de G. Rohlfs *(L'italianità lingüistica della Corsica.* Wien, 1941, traducido al español en sus *Estudios de geografía lingüística de Italia.* Granada, 1952, págs. 117-162).

[12] Luego veremos cómo no se logra a veces. Se ha proyectado un Atlas de Rumanía por regiones. En su planteamiento inicial es, acaso, la obra más coherente de las de su tipo. Los Institutos de lingüística de Bucarest, Cluj y Iaşi, investigarán en 700, 900 y 400 puntos, respectivamente. Se usarán dos cuestionarios (uno general, con 2.000 palabras,

dura, las peculiaridades regionales. Esto es, se alcanzan los mismos fines que en el _ALC_, pero por procedimientos exactamente inversos. Griera adaptaba su quehacer, en cuanto fuera posible, a un cañamazo preexistente. Dauzat planea la totalidad de la obra y en ella encaja las diversidades regionales. Al considerar los otros Atlas románicos de «Kleineräumige» no podemos considerar las cosas con las mismas formulaciones que vemos en el _NALF_. Los Atlas regionales que se planean fuera de Francia están proyectados con miras de absoluta independencia. De nuevo, el aislamiento de los investigadores (como en otro tiempo las Landas, Bretaña o las Ardenas) y la inconexión de sus empresas. Por ejemplo, cuando en la Península Ibérica se suscitan nuevos Atlas parciales [13], cada autor

---

y otro especial, con 1.500), y la obra puede estar terminada en unos catorce años (vid. el informe, muy preciso, de Marius Sala, _Discutarea proiectului noului Atlas linguistic rominesc pe regiuni (NALR)_, «Limba Romîna», VII, 1958, págs. 92-96). En 1967 se ha impreso el primer tomo del _Noul Atlas linguistic român pe regiuni. Oltenia_, obra dirigida por B. Cazacu y en la que han colaborado T. Teaha, I. Ionică y V. Rusu. El Atlas ha merecido los elogios más encendidos (cfr. P. Gardette, _RLiR_, XXXI, 1967, págs. 436-438); vid, además, T. Teaha, _Despre Atlasul Linguistic al Olteniei_ («Limba română», XIV, 1965, págs. 351-369, y, 609-615), y, del mismo, _Despre cuestionarul noului Atlas linguistic Romîn (NALR)_ («Fonetică şi Dialectologie», V, 1963, págs. 109-122). El mismo año en que se publicó el _Atlas_ de Oltenia apareció un volumen de _Texte dialectale_ de la región, y en 1970 el t. II. Maramureş —región fronteriza con Rusia— cuenta con dos volúmenes de un Atlas, al que creo se pueden formular ciertos reparos (la obra, dirigida por P. Neiescu, G. Rusu y I. Stan, se publicó en 1969 y 1971).

[13] Se ha hablado de uno nuevo, distinto del _ALPI_, para Galicia y Portugal; otro del dominio catalán _(ALDC)_.

En el «III Cóloquio Internacional de Estudos Luso-Brasileiros» (Lisboa, 9-15 de septiembre de 1957), Paiva Boléo, Herculano de Carvalho y Lindley Cintra presentaron el _Projecto de um Atlas Linguístico-Etnográfico de Portugal e da Galiza_ (vid. también BFil, XVI, 1956-1957, página 411) y, en la misma ocasión, Ferreira da Cunha y Silva Neto hablaron del _Atlas Linguístico-Etnográfico do Brasil (por regiões)_. Por su parte, la «Casa de Rui Barbosa», de Río de Janeiro, ha planteado otro Atlas del gran país de América; vid. A. Nascentes, _Bases para la elaboração do_

actúa con independencia absoluta y sus obras —aunque mutuamente no se ignoren— carecen de relación: plan, alcance, mé-

Atlas Lingüístico do Brasil. Río de Janeiro, 1958. Hasta ahora, en Brasil, se ha publicado el *Atlas prévio dos falares baianos*, excelente trabajo llevado a cabo por Nelson Rossi (Río, 1963), autor también del de Sergipe. A. Badia y G. Colón han hablado en varias ocasiones del Atlas del dominio catalán: vid. «Orbis», I, 1952, págs. 403-409; «Actas VII Congreso Int. Ling. Rom.», San Cugat del Vallés, 1955, págs. 655-660; «Programas do IX Congr. Int. Ling. Rom.», Lisboa, 1959, pág. 31; *BFil*, XX, 1961, páginas 121-126. De A. Badia y J. Veny es el *Qüestionari* del *ALDC* (Barcelona, 1965). A. Griera dio a luz, en 1960, un *Atlas lingüístico y onomástico de Andorra*, del que se conocía algún anticipo («Orbis», VII, 1958, páginas 40-50); la obra resultó inútil para la geografía lingüística (cfr. G. Colón, *ZRPh*, LXXVII, 1961, págs. 49-69).

El Atlas de Andalucía se ha terminado de imprimir (sexto volumen, 1973) y el de Canarias posiblemente aparecerá en 1973, pues está totalmente dispuesto para la imprenta. El de Aragón, Navarra y Rioja empezó a redactarse en 1971, terminada la recogida de materiales, mientras que el de Murcia y los Marineros Peninsulares están en marcha (cfr. M. Alvar, *Estado actual de los Atlas lingüísticos españoles*, «Arbor», núm. 243, 1966, páginas 263-286, donde se aduce bibliografía).

Para el dominio del español de América hay otras tentativas: vid. L. Flórez, *Proyecto de un Atlas Lingüístico-Etnográfico de Colombia* («Orbis», V, 1956, págs. 391-392), y en colaboración con T. Buesa, *El Atlas Lingüístico-Etnográfico de Colombia (ALEC)*, Bogotá, 1954. (El trabajo se publicó también en «Thesaurus», X, págs. 147-315). Del propio Flórez es *El español hablado en Colombia y su Atlas lingüístico (PFLE*, I, págs. 5-77, y «Thesaurus», XVIII, 1963, págs. 268-356). La fecunda actividad de los dialectólogos colombianos se recoge en el trabajo de J. J. Montes, *El Atlas Lingüístico-Etnográfico de Colombia. Encuestas, exploradores, publicaciones: 1956-1966* («Thesaurus», XXII, 1967, págs. 94-100).

El Seminario de Dialectología del Colegio de México publicó (1970) un *Cuestionario para la delimitación de las zonas dialectales de México*, preparado por Juan M. Lope Blanch, que habló extensamente de su proyecto *(NRFH*, XIX, 1970, págs. 1-11). El mismo autor ha dado a conocer los resultados de sus investigaciones para una parcela —importantísima— de la República: *El léxico de la zona maya en el marco de la dialectología mexicana (NRFH*, XX, 1971, págs. 1-63).

En Chile, Guillermo Araya está llevando a cabo un intento semejante (Cfr.: *Atlas Lingüístico-Etnográfico del Sur de Chile*, Valdivia, 1968), mientras que Gastón Carrillo ha dado a conocer su *Proyecto de Atlas lingüístico y etnográfico de Chile* («Cuadernos de Filología», 1968. nú-

todos, etc., son de diversísimas pretensiones [14]; falta la visión
'de conjunto, fragmentada en una abigarrada diversidad [15].

---

mero 1, págs. 77-85), comentado posteriormente por él mismo («Cuadernos de Filología», 1969, núms. 2-3, págs. 13-84) y por Navarro Tomás *(ibidem,* págs. 7-12).
Berta Elena Vidal de Battini es autora de un voluminoso *Cuestionario Lingüístico Folklórico* para estudiar *El español de la Argentina* (Buenos Aires, 1968), título éste que amparó una excelente monografía de la autora (Buenos Aires, 1964).

[14] Digo que los autores no se ignoran. En efecto, mi *Cuestionario* (Granada, 1952) ha sido usado para Cataluña y Colombia. No creo que se den muchas más relaciones. En gran parte, los criterios de Badía y los míos eran opuestos. En un futuro, si los dos Atlas se publican como inicialmente se pensaron habrá unas cuantas coincidencias (los conceptos comunes que podamos incluir), pero faltará, justamente, ese principio coordinador que, en principio, caracteriza al *NALF.* Aunque en la práctica el «principio coordinador» del *NALF* haya sufrido muy serias inobservancias.

[15] En un libro reciente, G. Rohlfs ha pasado revista a la situación de los Atlas lingüísticos de la Romania: *Romanische Sprachgeographie* (Munich, 1971, págs. 7-25). Me permito añadir un libro importante al que Rohlfs no pudo referirse por una mera razón cronológica: Giovan Battista Pellegrini, *Introduzione all' Atlante Storico-Linguistico-Etnografico Friulano (ASLEF).* Padua-Udine, 1972. Del propio Pellegrini y sus colaboradores son los dos volúmenes *Saggio di carte e di commenti dell' ASLEF* (Udine, 1969).

ATLAS LINGÜÍSTICOS. FONÉTICA. FONOLOGÍA

Sobre los Atlas lingüísticos de la Romania pesa una vieja tradición foneticista. En el siglo pasado, los planteamientos teóricos de si hay leyes fonéticas o si existen fronteras entre los dialectos se resolvieron con las primeras encuestas sobre el terreno. Tales pesquisas tenían, fundamentalmente, carácter fonético, y esta primitiva determinación actúa sobre todo el quehacer posterior. Consideremos un botón de muestra: en 1950 se publica *La Dialectologie* de Sever Pop. La obra es como el inventario de cuanto se ha hecho en la investigación dialectal y, por ende, en el campo de la geografía lingüística. En las páginas 1163-1169 se debaten los problemas, arduos ciertamente, de la «transcripción fonética»: los diversos sistemas de notación, la educación del oído, transcripciones normalizadas o impresionistas, etc. Pero ni una sola palabra sobre fonética y fonología cuando, y precisamente, muchos de los problemas allí aducidos quedarían resueltos por la consideración de la lengua como una estructura.

Bien es verdad que el estado científico resumido por *La Dialectologie* corresponde a una etapa histórica anterior al desarrollo de las doctrinas de la escuela de Praga, pero no menos cierto es que, después del Congreso de La Haya (1928), la aplicación de los nuevos métodos había sido fructífera para la geografía lingüística y para la dialectología: en 1931, N. S. Trubetzkoy formuló unos importantes principios teóricos con su

Phonologie und Sprachgeographie[1]; años después, C. Taglia-vini aplicaba la fonología en sus *Modificazioni del linguaggio nella parlata delle done*[2] y, en 1939, A. Martinet daba a luz la *Description phonologique du parler franco-provençal d'Haute-ville (Savoie)*[3]. El camino apenas está empezado a recorrer y, a pesar de cuanto indico, la geografía lingüística aparece, entre los romanistas, divorciada de la fonología[4].

En efecto, después de un largo camino andado, la fonología no ha cabido hasta ahora en los Atlas románicos. Karl Jaberg manifestó su curiosidad, abierta a todos los horizontes, por la inclusión de la fonología en el Atlas andaluz. Señalaba que era la primera vez que se concedía tal cobijo. Ciertamente, el hecho es verdadero y su consideración acaso merezca una pequeña demora.

En el *Atlas Lingüístico de la Península Ibérica (ALPI)* se estudiaron 61 puntos andaluces[5], de los que una buena parte pertenece a las provincias orientales de la región. En estas comarcas[6] hay una clara oposición fonológica (cierre / aber-tura) con valor significativo (singular / plural). Pues bien, Na-varro Tomás, aun siendo quien primero habló de la cuestión[7],

1 *Réunion phonologique international tenue à Prague* (18-21, XII, 1930), apud *TCLP*, IV, 1931, págs. 228-234. El estudio está recogido en las páginas 343-350 de la versión francesa *(Principes de Phonologie.* París, 1949) de los *Grundzüge.*

2 *Scritti in onore di A. Trombetti.* Milán, 1938, págs. 87-142.

3 *RLiR*, XV, págs. 1-86. El trabajo, ampliado en forma de libro, se reeditó en París, 1956. Vid. las págs. 35 y sigs. de este volumen.

4 En el VIII ·CIL (Oslo, 5-9 agosto 1957), Witold Doroszewski pre-sentó una comunicación *(Le structuralisme linguistique et les études de géographie dialectale)* a la que, desde nuestro punto de vista, habremos de volver (vid. *Reports for the Eight Internat. Cong. of Linguistics.* Oslo, 1957, págs. 229-252). Vid. ahora las págs. 17-33 de este mismo libro.

5 Vid. M. Sanchís Guarner, *La cartografía lingüística en la actua-lidad y el Atlas de la Península Ibérica.* Madrid, 1953, págs. 48-53.

6 La delimitación geográfica del proceso se puede ver en el mapa número 1.

7 *TCLP*, VIII, 1939, págs. 184-186. El estudio titulado *Dédoublement de phonèmes dans le dialecte andalou* se publicó en español como *Des-*

no llegó a perfilar su naturaleza, alcance y distribución, a pesar de los materiales del *ALPI*. Sin embargo, con los frutos de esas encuestas se llegaron a redactar magistrales estudios fonéticos en el mismo dominio andaluz [8].

Tuvieron que pasar once años antes de que se delimitara con precisión el valor fonológico del cambio y se viera cómo la alternancia fundamental modificaba la estructura, tan uniforme en español, de la *a* [9]. Pero tampoco entonces se obtuvieron las últimas consecuencias que permitía, ya, la exacta observación de los hechos.

La fonología, aceptada, según he dicho, en el Atlas Lingüístico de Andalucía, me autorizó a fijar el funcionamiento sistemático de los desdoblamientos descubiertos por Navarro y de las metafonías tratadas por otros autores [10]. Según creo, des-

---

doblamiento de fonemas vocálicos (RFH, I, 1939, págs. 165-167. [En la versión castellana se añadieron algunas consideraciones sobre el español de América]). Cfr. págs. 41-44 de este tomito.

[8] Me refiero a las dos monografías siguientes: Navarro Tomás, Espinosa y Rodríguez-Castellano, *La frontera del andaluz (RFE*, XX, 1933, páginas 225-277); Espinosa y Rodríguez-Castellano. *La aspiración de la «h» en el Sur y Oeste de España (RFE*, XXIII, 1936, págs. 224-254 y 337-378); ténganse en cuenta otros estudios fonéticos nacidos al amparo del *ALPI*: M. Sanchís Guarner, *Extensión y vitalidad del dialecto valenciano «apitxat» (RFE*, XXIII, 1936, págs. 45-62); M. Sanchís Guarner, *Noticia del habla de Aguaviva de Aragón (RFE*, XXXIII, 1949, págs. 15-65), y L. R. Lindley Cintra, *Alguns estudos de fonética com base no Atlas Lingüístico da Península Ibérica* («Anais do Primeiro Congresso Brasileiro de Língua Falada no Teatro». Río de Janeiro, 1958, págs. 186-195). Fuera de la fonética, debe recordarse el ensayo de L. Cintra, *Areas lexicais no domínio lingüístico português* (comunicación hecha al I Congr. Dialectología e Etnografía. Pôrto Alegre, septiembre 1958), basado en materiales del *ALPI*, y, del mismo autor, *Colaboración hispano-portuguesa en la investigación lingüística (PFLE*, I, págs. 443-448).

[9] Vid. D. Alonso, A. Zamora y M. J. Canellada, *Vocales andaluzas. Contribución al estudio de la fonología peninsular (NRFH*, IV, 1950, páginas 209-230). Ténganse en cuenta las págs. 42-44 de este mismo volumen.

[10] L. Rodríguez-Castellano y A. Palacio *(El habla de Cabra*, apud *RDTP*, IV, 1948, págs. 398-400) no percibieron el carácter palatal de la *-ä* (< *-as)* en su comarca, a pesar de ser indudable. Acaso actuaban bajo el

cribí el primer sistema cuadrangular hallado en los dialectos peninsulares[11] y pude trazar su geografía [12].

Creo que estamos ante un caso claro del valor que la fonología puede tener en un Atlas lingüístico. Quisiera ahora presentar otras cuestiones que pueden recibir luz mediante la aplicación de criterios fonológicos.

K. Jaberg ha hecho [13] el cotejo de las encuestas que E. Edmont *(ALF,* punto 760) y J. Allières *(ALG,* punto 760) llevaron a cabo con medio siglo de diferencia. Si nos fijamos, sólo en los materiales fonéticos, que entran en la comparación, obtendríamos las siguientes listas:

Cuest. Dauzat	*Allières*	*Edmont*
1, une aiguille	úno güło	güło
2. allumer	alümá	ałümạ
3. l'anse du pot	lánso	ánso
4. aveindre	aná kḗrẹ	ạnạ kḗrẹ
5. balai	la baléžo	baléžo
6. genêt	la žésto	žésto

prejuició de la *a* velar, que había señalado Navarro Tomás. Vid. ahora *Estudios canarios,* t. I. Las Palmas, 1968, págs. 60-63.

Otros fenómenos concurrentes con el anterior *(-al, -ar > ẹ)* se dan muy cerca de Cabra (vid. mapa entre las págs. 22-23 del opúsculo de D. Alonso, *En la Andalucía de la e.* Madrid, 1956. Cfr. mi *El cambio -al, -ar > ẹ en andaluz. RFE,* XLII, 1958).

[11] *Las encuestas del «Atlas Lingüístico de Andalucía» (PALA,* I, 1. 1955, págs. 9-14). La pérdida de la *-s* final parece determinar la existencia de un sistema vocálico cuadrangular en el español del Uruguay; vid. Washington Vásquez, *El fonema /s/ en el español del Uruguay.* Montevideo, 1953, pág. 90.

[12] Vid. nota 20. E. Alarcos trata de simplificar los esquemas dados por mí y por G. Salvador (vid. su *Fonología y fonética. AO,* VIII, páginas 191-203. Posteriormente, A. Llorente *(RFE,* XLV, 1962, págs. 239-240) no se decide por ninguna explicación previa, mientras que A. Quilis sigue a Alarcos *(Morfología del género en español,* apud. *TLL,* VI, 1968, páginas 139-140). Cfr. págs. 42-44 de este libro.

[13] *VR,* XIV, págs. 21-26. Cualquiera que sea el resultado obtenido, hay que reconocer la admiración de todos los investigadores por la obra de

Cuest. Dauzat	Allières	Edmont
7. bruyère	la brū́go	brū́go
8. fougère	la haugéro	háubero
9. balayer	baležạ	báležạ
10. berceau	lẹ bᵉrés	brẹs
11. bercer	bᵉrẹsá	bérsa
13. Le chauffe-lit	lé múnžẹ	múnže
14. touiller le café	bulẹgá lẹ kafẹ́	bulẹga lẹ kafẹ́
16. (broyer le) raisin	r̄azĩn	r̄ą́zĩⁿ
20. types de haches	le pigáso,	la pigą́so
	le pigasún	lẹ pigasū́
21. le coin	le kū́n	le kū̃ⁿ
22. masse	la máso	mą́so
23. étroite	ẹstrẹ́to	estrẹ́to
24. nous allons scier du bois	ban r̄ẹsẹga bwẹ́s	bām rẹsẹga bwẹs
25. scie	la r̄ẹségo	rẹsḗgo
28. le noeud du bois	ün nuzẹẹt	ū̃ⁿ nuzẹt
29. casserole	la kasẹrolo	kasarǫ́lo
30. cendre	sẹ́ndrẹs	sē̃ⁿdrẹs
32. chaîne de puits	la kađẹ́no du puts	kadẹno; pụts
36. la poulie du puits	la kar̄ẹlo	karẹ́lo
38. seau à eau	lẹ her̄át	hérat
39. — à lait	— tirá la lẹyt	tira la lᵉʸt
— en fer	ẹn fér	hēr̄
40. chaise à dossier	üno karyéro	üno karyéro
— sans dossier	tađurẹ́t	táburet
41. chaudière	la šaudyéro	ᵗšaudyéro
43. chaudron pour la lessive	rüskádo	rüską́do
45. chiffon	pẹłǫ́t	pẹłot
51. le chiffonnier	lẹ peyarót	pẹłarot
52. les ciseaux	lẹy sizéus	sizẹo
54. coudre; elle cousait	kuzẹ; kuzyǫ	kuzẹ; kuzyọ
54 bis. panier	lẹ pané	páne
55. couteau	kutét	kútet
61. plein, -e	plẹn, -o	plẹ̃ⁿ, plẹ̃ⁿ
62. cuiller	le küłé,	kũłẹ

Edmont. Basten dos referencias: Séguy, «Fr. mod.», octubre 1951, pág. 252, y Gardette, ib., abril 1955, pág. 145.

Cuest. Dauzat	Allièrez	Edmont
	la kułèro	küłéro
	kǫso	kǫso
63. dé à coudre	lẹ điđáu	didáu
67. écheveau	ẹskáuto	ẹskắuto
68. lapin	lapīŋ	łạpīⁿ
69. l'écuelle	ün esküdẹro	ẹsküdélo
70. l'écumoire	ẹskümwéro	ẹskûmwẹr

Ahora bien, en las columnas anteriores hay varios hechos
a considerar. Sabemos que Edmont tropezó con dificultades al
transcribir en el sur de Francia. Gerhard Rohlfs [14] ha señalado
en el dominio gascón sus siguientes errores:

1) Falta de distinción entre n alveolar y n velar.
2) No ha distinguido siempre r y rr.
3) La acentuación de las palabras es defectuosa.

De acuerdo con estos informes, la transcripción de Allières
es mejor en los siguientes casos [15]: *raisin* (16) y *lapin* (68) (para
el tratamiento de la -*n* final), *raisin* (16), *resegá* (24), *resego*
(25), *carrelo* (36) (para la oposición *r* /*rr*), *fougère* (8), *balayer*
(9), *bercer* (11), *boulegar* (14), *raisin* (16), *herrat* (38), *tabouret*
(40), *pellot* (45), *panier* (54 bis), *couteau* (55), *cuiller* (62), *lapin*
(68), *écumoire* (70) (para la correcta acentuación) [16]. Por tanto,
de las 45 palabras que he transcrito, dieciséis (un 35,5 por 100)
vienen a señalar claramente los defectos de uno de los exploradores.

---

14 *Le Gascon. Études de philologie pyrénéenne.* Halle-Sale, 1935, página 4, nota 2.
15 He preferido usar la lista elaborada por Jaberg para proceder con
absoluta objetividad. De las diferencias de transcripción trata también
Jaberg en *VR*, XIV, págs. 30-35.
16 En otros casos, la falta de acento impide una determinación más
completa.

Creo que las diferencias pueden extenderse a otros temas:

1) Las nasalizaciones: *anse* (3), *pigasun* (20), *coin* (21), *allons* (24), *un* (28), *cendre* (30), *plein* (61) [17].

2) La equivalencia *b = g* (en *fougère*, número 8) [18], cumplida al no percibir el carácter fricativo de las *b* y *g* intervocálicas en gascón [19].

3) La ausencia de signos de fricatización [20]: *boulegá* (14), *resegá* (24), *cadeno* (32), *tabouret* (40), *ruscado* (43), *didau* (63).

4) Creo que Edmont no ha comprendido la -*r*- fricativa del dialecto y la ha confundido con -*l*-, de acuerdo con un prejuicio «afrancesador» y etimológico: *esküdelo* (69) [21].

5) Las vocales se han transcrito muchas veces con timbre distinto:

a) A vocal media en Allières, corresponde vocal abierta en Edmont: *allumer* (2), *aná* (4), *balai* (5), *brüyeres* (7), *haugero* (8), *balayer* (9), etc.

b) A vocal cerrada en Allières, corresponde vocal abierta en Edmont: *bercer* (11), *boulegá* (14), *étroite* (23), *casserole*

---

[17] «Les notations des nasales dans l'Atlas linguistique de la France ne méritent, malhereusement, aucune confiance» (Rohlfs, *loc. cit.*). Vid. también J. Ronjat, *Grammaire Historique des Parlers Provençaux Modernes*, t. II, 1932, pág. 291, § 387 *a*.

[18] No la encuentro registrada en ninguna de las obras que manejo (Rohlfs, *Gascon* y *Lescun;* Ronjat, *op. cit.;* Bendel, *Lescun);* según se sabe, es frecuentísima en español antiguo y en las hablas actuales.

[19] Rohlfs, *Gascon*, § 360, pág. 81; Ronjat, *Grammaire*, § 275, págs. 94 y sigs.; H. Bendel, *Beiträge zur Kenntnis der Mundart von Lescun (Bass-Pyr.).* Biberach, 1934, págs. 43, 50, 56 (§§ 49, 69, 85, respectivamente). La fricatización de la -*d*- intervocálica había sido señalada ya por Rohlfs en sus breves pero sustanciosas páginas sobre *Le patois de Lescun (Basses-Pyrénées)*, *Misc. Alcover*, 1932, pág. 360, § 4.

[20] Anoto, únicamente, los casos en que Edmont y Allières transcriben de modo distinto. A veces, Allières tampoco señala el carácter fricativo de consonantes que deben serlo. Vid. nota 33.

[21] -*ĕlla* > -*ero* en Rohlfs, *Gascon*, § 386; Ronjat, *Grammaire*, página 149.

(29), *cadeno* (32), *herrat* (38), *tabouret* (40), *peyarot* (51), *cousait* (54), *cuiller* (62) [22].

Al comparar estas dos series de transcripciones se obtiene una consecuencia desoladora. No cabe mayor discrepancia. Por supuesto, al cotejarlas difícilmente podríamos pensar en dos estados de «habla»; no se trata de dos cortes sincrónicos distintos, sino de dos interpretaciones diferentes de un mismo sistema lingüístico. He aquí el nudo de la cuestión.

No es la primera vez que se colacionan las transcripciones de Edmont con las de otro investigador [23]. Fue Jaberg, el gran maestro suizo, quien enfrentó una encuesta suya en L'Etivaz con los materiales publicados en el *ALF* (punto 969); ante las discrepancias, llegó a la siguiente conclusión: «Je crois pouvoir affirmer que nous avons raison tous les deux: ce que donne M. Edmont, c'est la pronunciation accidentelle de la «parole», un peu exagérée peut-être, tandis que ma notation grâce à un séjour plus prolongé dans la région et grâce aux retouches des sujets que j'ai provoquées, se rapproche de l'idéal phonétique de la «langue» [24].

Ciertamente, a nuevas consideraciones nos lleva la comparación de otras encuestas. En las listas que siguen enfrento los

---

[22] En ocasiones puede haber diferencia entre dos estados sincrónicos de lengua: *peyarot* (A) / *pellarot* (E) (51). En *munje* (13), Allières no ha colocado la tilde de nasalización. En mis referencias, pongo la forma francesa siempre que sea afín o semejante a las dialectales; en casos de gran diferencia, transcribo la forma gascona con ortografía oficial.

[23] Cfr. los testimonios de Bloch y Millardet citados en *La Dialectologie*, págs. 131 y 121-122. (De esta última me ocupo en el texto.) Jaberg, en su reseña del *ALC*, coteja los materiales de varios puntos del *ALF* con otros próximos del *ALC* (101 *ALC* = 794 *ALF;* 103 = 96; 104 = 798) y señala cómo la transcripción de Griera es más normalizada, mientras que la de Edmont ofrece una mayor matización (pág. 7 de la separata). En el artículo de Jaberg, al que ya me he referido *(VR,* XIV, págs. 35-38), se comparan el *ALF* al *ALW* y una encuesta, antigua, del propio Jaberg y otra de Bruneau.

[24] Página 5 de la reseña de Jaberg citada en la nota precedente.

materiales obtenidos por Gardette y por Edmont en Larajasse, punto 49 del *ALL* y 818 del *ALF* [25].

	Gardette	Edmont
1. un pré (ALL 2)	ī prò	lò prò (ALF 1087)
2. l'herbe pousse (12)	l àrba bous	krĕtr [26]. ȧrbę (362, 686)
3. faucher (14)	sàyi	sȧyĭ (541)
4. un faucheur (15)	ī sétr	sȅtrɔ (542)
5. une faux (16)	ina dàyị	dȧḷĭ (f.) (546)
6. le manche de la faux (17)	lœ̀ fousi	lḛ̇ māeò (1617)
7. l'enclumette du faucheur (21)	l ĕkyèna	ĕklûma (457)
8. aiguiser (22)	àmòlò	ȧmòlò (16)
9. la queux (23)	la mǒla	mòlà (1121)
10. le coffin (24)	lḛ̇ kòvẽ	kǫvœ̆ (301)
11. un andain (25)	in ādē	ȧdẽ (40)
12. faire sécher (29)	fèr̦ seci	sœ̆eĭ (1210)
13. un rateau (38)	ī rótàr	ròtȧ (1132)
14. du regain (42)	dḛ̇ révyolœ	lo rèvyoûlǫ (1139)
15. du froment (43)	dḛ̇ blo	lò ꞏblò (136, 474, 1178)
16. le seigle (44)	la sḛ̇gla	sḛ̇glà (1211)
17. semer (49)	sénó	sénò (1216)
18. enfouir à la herse (52)	répȧyi	ȧr̦pȧyị (1594)
19. la herse	l àrsị	l ȧrsĭ (689)
20. un épi	in épya	ępyȧ (474)
21. des bleuets (57)	dḛ̇ kouta krénęyị	blw̆ĕ (139)
22. moissonner (59)	mésòno	mesono (871)
23. la faucille (60)	lœ vòlō	volo (m.) (543)
24. un lien (62)	ī łā	lo (1609)
25. le traîneau a gerbes (66)	la làya	treno (1322)
26. les chaumes (71)	lōᴏᴇz étĭᴏᴇblou	+
27. l'éteule (72)	l étᴏᴇbla	etroeblà (1557)
28. l'avoine (73)	làvéna	l ȧvœ̄nà (81)
29. du maïs (74)	de trò̆káya	tròkȧyȧ (800)

[25] He ordenado 50 ejemplos tomando como base preguntas que figuran en los cuestionarios del *ALL* y del *ALF*. Mis listas están agrupadas según los mapas del *ALL*.

[26] *Croître* es el título del mapa en el *ALF*.

	Gardette	Edmont
30. une jachère (79)	in àṛó	jǎeͣtrǐ(1600)
31. un fléau (80)	iṇ ékòsou	ĕkǫsou (580)
32. l'aire à battre	lŏͤ swár	eǎpí (20)
33. l'airée	la pàyà	pǎͣ ͤlǎ (f.) (1427)
34. vanner (99)	vētó	vǎnǒ (1734)
35. le crible à grain (100)	in àfètou	kȋblò (354)
36. cribler (101)	grivéló	trȋǒ (1800)
37. la balle du blé (102)	lo blou	+ (1452) 27
38. d'avoine (103)	la bàlǫfa	bǎlǫͤfà (1452) 27
39. un joug (110)	ȋ jou	jœͤ (726)
40. un coussinet	ina mòṛéyį	mǔrȋli (f.) (340)
41. lier (117)	yó	ͣlǒ (767)
liés	yó	+
liées	yéz	+
42. atteler	àplàyi	ǎtèló (66)
43. le gran aiguillon (124)	la tòeuṛį	tœͤeǔrǐ (1426)
44. le fouet (131)	lŏͤ fwi	fwǐ (599)
45. l'araire (133)	l àrór	+ (246)
46. l'ancienne charrue (134)	là eàru	+
	la sòeyà	sœͤeyǎ (246)
47. le manche de la charrue (135)	la kwá	kwǎ (f.) (1848)
48. les mancherons (136)	lé kẅė	+ (1848)
49. le soc (141)	la ṛéyį	rœͤlǐ (f.) (1901)
50. labourer (144)	làbòró	làbòrǒ (742)

La consideración de las listas anteriores nos hace ver una serie de hechos:·

1.º El *ALL* presenta un léxico más dialectal que el *ALF:* *bous/cretr* (2), *fousi/mancho* (6), *enquiena/encluma* (7), *couta creneyi/blue* (21), *laya/treno* (25), *aro/jachiri* (30), *vento/vano* (34), *afetou/criblo* (35), *aplayi/atelo* (42). Esto es, en un 18 por 100 de los casos considerados, el *ALL* se ha apartado de la norma «oficial», recogida en el *ALF*. Creo que este hecho es

---

27 El *ALL* dice, por error, 1453.

decisivo para inclinarnos en pro de los Atlas regionales. Los trabajos previos, el contacto con las gentes, el conocimiento del país, hace que su valor como testimonio dialectal sea incuestablemente mayor que el de los Atlas de grandes dominios[28].

2.º Hay un arcaísmo fonético en Edmont que aparece muy atenuado en Gardette. Me refiero a la persistencia de la *ll:* seis casos en el *ALF* (5, 24, 33, 40[29], 41, 49) por uno en el *ALL* (24). Parece indudable que el sujeto empleado por Gardette conocía la articulación de la *ll;* sin embargo, es éste un sonido caduco, mera variante polimórfica de *y*, que hoy ha perdido sus rasgos distintivos. Fonológicamente ya no funciona la oposición *ll/y*, mientras que hace sesenta años tenía plena vitalidad[30].

3.º Salvo muy ligeras variantes (4), las diferencias entre Edmont y Gardette se limitan a algún caso de *e* (G) por *œ* (E), de *œ* (G) por *o* cerrada (E), de *ou* (G) por *œ* (E) y a discrepar en la transcripción de *coussinet* (40).

Si comparamos estos resultados con los que he obtenido al cotejar los materiales del *ALG* con los del *ALF*, la impresión es muy otra. Ahora las diferencias —dejando aparte el léxico ya explicado— no señalan aquel abismo que había entre Allières y Edmont, sino que están dentro de esa previsible discrepancia que hemos de admitir siempre que variamos de sujeto o de explorador. Son, ahora, dos estados de «habla», interpretados correctamente. Por tanto, valen en este caso las palabras

---

[28] Lo que no quiere decir que éstos sean necesarios e imprescindibles. Simplemente que es distinto el alcance de los dos tipos.

[29] En Edmont falta el signo de palatal, pero la *ll* parece asegurada por la *y* de Gardette.

[30] Una observación en las hablas hispánicas daría en muchos casos idénticos resultados. El estado de lengua que denuncia la encuesta de Gardette me hace pensar en ciertos lugares del español de Canarias: la *ll* es conocida, y aún se oye de vez en cuando, pero la *y*, sonido reciente, se ha impuesto por completo. Vid. mis *Estudios canarios*, t. I, págs. 79-85.

de Jaberg citada en la página 108, y a ellas hay que volver para justificar los hechos.

En efecto, tanto las encuestas de L'Etivaz como las de Larajasse manifiestan ciertas diferencias entre las transcripciones de Jaberg y Gardette con respecto a las de Edmont, pero, en general, podemos afirmar que no son diferencias significativas. Las que he señalado tienen interés fonético, no fonológico. No cambian la estructura del sistema lingüístico de L'Etivaz o de Larajasse, sino que muestran diferencias de elocución o de transcripción. Nos encontramos dentro de unos límites de valor estrictamente descriptivo. Inmediatamente surge la pregunta: ¿merece la pena consignar estas minucias?, ¿qué significan los pequeños matices fonéticos? Desde el punto de vista de la fonología sincrónica, nada. Pero tampoco es fácil, ni científico, prescindir de ellos. El explorador anota, pero ignora si el pequeño matiz puede ser ocasional. Acaso la pérdida de una aparente sutileza puede significar, también, la pérdida de una tendencia de la «lengua», algo más que una precisión del «habla». Entonces, la diacronía, ignorada, podría padecer por un descuido de la sincronía. Además, sobre el terreno no es demasiado fácil determinar qué rasgos tienen intencionalidad fonológica y cuáles son limitadamente fonéticos. No olvidemos que de la exactitud de las descripciones formales que obtengamos dependerá la interpretación sistemática que en el cuarto de trabajo podamos hacer. De ahí los escollos que surgen en cuanto nos inclinemos por uno u otro principio: cartográficamente —bien claro lo señaló Trubetzkoy—, las dificultades están con la fonética, mientras que, desde el punto de vista fonológico, la sencillez es grande [31]. Sin embargo, veo difícil la aplicación de un método estrictamente fonológico a las encuestas dialectales: los rasgos pertinentes de cada sonido no se perciben inmedia-

---

[31] *Phonologie und Sprachgeographie. TCLP*, IV, 1931, págs. 231 232. Se ha propuesto la elaboración de mapas fonológicos por la superposición de varios fonéticos (vid. J. Fourquet, *Festgabe Frings*, ya citada, pág. 199).

tamente y ya depurados; el fonema no se limita sino con un preciso conocimiento del habla explorada. Justamente, tal conocimiento es un *a posteriori:* indagamos allí, porque ignoramos las particularidades idiomáticas de la localidad, aunque conozcamos unas tendencias generales. Entonces, el valor fonológico de los fonemas, sin un punto de referencia inmediato y concreto, tendríamos que orientarlo hacia otras estructuras fonológicas que nos fueran familiares, pero... ¿debe procederse de este modo?

A la vista de los hechos que voy exponiendo creo que el sistema de transcripción fonética, no fonológica, que se sigue en los Atlas románicos es el más hacedero, en la Romania al menos. Cuando se hagan las descripciones fonológicas se pueden desestimar los datos no pertinentes de cada transcripción, pero antes no. Sería tanto como correr el riesgo de falsear la realidad lingüística que hemos querido conocer.

Esto no quiere decir que la fonología no deba tener cabida en los interrogatorios. Precisamente —y para obviar esos errores que muchas veces percibimos— debemos concederle una participación mayor de la que suele tener en las encuestas. Del mismo modo que hay unas preguntas de orientación fonética, debería haber en nuestros cuestionarios también unos cuantos motivos de orientación fonológica. Sólo así se lograría la encuesta ideal: junto a la precisión fonética, la valoración fonológica. Conviene no olvidar la validez mayor de las estructuras fonológicas [32] y su eficacia en lenguas distintas. Entonces tendremos un nuevo enfoque para interpretar las diferencias fonéticas que he señalado en el dominio gascón.

Pero antes de ocuparme de este último problema quisiera poner un ejemplo extraído de mis propios materiales. He dicho anteriormente que en mi Atlas andaluz hay una parte de carácter fonológico. Sin embargo, nuestras transcripciones fonéticas

---

[32] *Ibidem,* pág. 233.

son muy escrupulosas. En unos pueblecitos de Málaga encontramos, nunca se hubiera esperado, la articulación cacuminal de la _ch_ y, en determinadas posiciones, de la _l_. El hecho fonético era cierto. Como lo era también el hallazgo, por Dámaso Alonso, de una «Andalucía de la _e_». El paso -_al_, -_ar_ > -_ę_ (muy abierta) sólo quedó dilucidado, a mi modo de ver, cuando se asociaron ambos fenómenos (_l_ cacuminal, palatización de la final -_ar_, _al_), y entonces, gracias a la fonología, se pudo ver la igualación de las terminaciones y la mutación vocálica determinada por [33] unos rasgos pertinentes de la _l_ ápico-palatal.

Si volvemos al dominio gascón, creo que con ayuda de la fonología podemos explicarnos mejor los errores del _ALF_. Trubetzkoy señalaba las tres clases de diferencias que pueden separar a dos dialectos: _das phonologische System_ [_el sistema fonológico_], _die phonetische Realisierung einzelner Phoneme_ [_la realización fonética de cada fonema particular_] o _die etymologische Verteilung der Phoneme in den Wörten_ [_la repartición etimológica del fonema en las palabras_] [34]. Precisamente estas tres diferencias oponen los dialectos de _oïl_ a los de _oc._ Para transcribir correctamente en el Sur, hay que borrar la imagen del Norte. El fallo de una de las condiciones determina el hundimiento de las otras dos. De ahí que cuando se transcriben dialectos de estructura semejante, las diferencias están dentro de unos límites de percepción, pero si el sistema fonológico es muy otro, los errores llegan hasta la incomprensión. Por eso las diferencias entre el _ALF_ y _ALL_ están dentro de lo previsible, mientras que las del _ALF_ y el _ALG_ afectan al propio sistema de la «langue». El abismo se ha abierto con doble sima: ha faltado la exacta percepción por ignorancia del sistema y,

---

[33] Vid. _El cambio_ -_al_, -_ar_ > -_ę_ _en andaluz_ (PALA, I, 5, 1959). G. de Kolovrat, _Étude sur la vocalisation de la consonne «l» dans les langues romanes_, París, 1923, señala el carácter palatal de la -_l_ en toscano del siglo xvii (pág. 254, § 113).

[34] _TCLP_, IV, 1931, pág. 231.

recíprocamente, no se puede trazar una estructura del gascón porque los «datos inmediatos» son falsos.

Y en este punto creo que quedan aclarados mis postulados anteriores: es necesario una doble vigilancia: hacia los hechos fonéticos (Atlas románicos) y a los hechos fonológicos (Atlas de la U. R. S. S., de Bulgaria). Sólo así se comprenderá ese complejo mundo que es el lenguaje. Un fonólogo bien conocido ha escrito palabras llenas de ponderación y acierto; con ellas quisiera resumir mi pensamiento: «La perception directe, l'impression acoustique produite par le son constitue ce *terme positif* élémentaire sans lequel toutes les oppositions et les alternances de phonèmes manqueraint de points d'appui» [35].

---

[35] W. Doroszewski, *Le structuralisme linguistique et les études de géographie dialectale.* Reports Eigth Int. Cong. Linguists. Oslo, 1957, página 247. Véanse también las sensatas palabras de Séguy en «Franç. mod.», IX, pág. 247, y de Companys en «Via Domitia», III, págs. 76-77.

EL CUESTIONARIO

En el *AIS* se introdujo por vez primera la pluralidad de cuestionarios [1]: el *normal* (unas 2.000 palabras), el *reducido* (menos de 800) y el *ampliado* (casi 4.000). Con cada uno de estos cuestionarios se buscaban objetivos diferentes: la recogida base *(normal)*, la «etape patoise» de las grandes ciudades *(reducido)* y una honda penetración en la lengua y en la cultura de los puntos más interesantes *(ampliado)*.

En esencia, algo de esto vino a hacerse en el *ALPI*. El cuaderno II G (preguntas 412-828) se desarrolló en el II E. En éste, las cuestiones están interpoladas (añadiendo *a, b, c,* etc., al número) entre las del primero. Sin embargo, tal criterio de encuesta dúplice, al parecer fue muy poco usado [2].

---

[1] Vid. K. Jaberg, J. Jud, *A Linguistic and Etnographical Atlas of the Raetian and Italian Speechdomain of Switzerland and of upper and central Italy* («The Romanic Review», XIV, 1923, págs. 251-252); K. Jaberg, J. Jud, *Der Sprachatlas als Forschungsinstrument.* Halle, 1928, págs. 175-176; P. Scheuermeier, *Methoden der Sachsforschung (VR,* I, 1939, página 340); S. Pop, *Buts et méthodes des enquêtes dialectales.* París, 1927, página 150, y *La Dialectologie,* págs. 565-566.

[2] M. Sanchís Guarner, *La cartografía lingüística en la actualidad y el Atlas de la Península Ibérica.* Madrid, 1953, pág. 45, nota 5. (Para ciertas observaciones allí aducidas, vid. *PALA,* I, núm. 4, pág. 5, nota 9). Cfr. También L. Rodríguez-Castellano, *El Atlas lingüístico de la Península Ibérica (ALPI). Nota informativa (AO,* II, 1952, pág. 291), y L. F. Lindley Cintra, *Enquêtes au Portugal pour l'Atlas Linguistique de la Péninsule Ibérique* («Orbis», III, 1954, pág. 418). La crítica del cuestionario, en *PFLE,* I, págs. 418-421).

También en Rumanía se aceptó la innovación: el cuestionario *normal* tenía 2.208 preguntas, mientras que el extenso llegaba a las 4.800 [3]. Con estos materiales se elaboraron las dos series de Atlas: *ALR* (versión extensa) y *MALR* (materiales interpretados) [4].

Ahora bien, en cualquiera de los casos anteriores, o en la tradición de los Atlas lingüísticos nacionales, la duplicidad de cuestionarios estaba tácitamente aceptada, aunque no constara materialmente. En todo cuestionario hay un léxico general y otro especializado (vocabulario de labriegos, de pastores, de herreros, de tejedores, etc.); desde el momento que tengamos que usar dos sujetos diferentes no hacemos otra cosa que emplear sendos cuestionarios: el general y otro más extenso. El germen, pues, de la innovación del *AIS* podía encontrarse en Gilliéron, aunque para el *ALF* sólo se usará, en principio, el cuestionario único. Bien es verdad que las cosas anduvieron muy de otro modo y, al final, hubo que incorporar numerosas adiciones que permitían conocer mejor la situación lingüística del sur de la nación [5].

Es necesario que esto ocurra en su gran dominio. Allí la estructura, muy compleja —geografía, gentes, historia, todo en relaciones mudables—, hace que las preguntas tengan que ser o muy generales —para que posean validez universal— o que sean inútiles para buena parte del país. En un cuestionario sobre España, ¿quién podría prescindir de las preguntas referentes al vino o al aceite? Sin embargo, en muchos sitios el vino o el aceite no significan nada en la realidad regional. He

---

[3] Vid. S. Puşcariu, *Der rumanische Sprachatlas* («Archiv Vergleichende Phonetik», II, 1938, pág. 109); S. Pop, *L'Atlas linguistique de la Roumanie* (*RLiR*, IX, 1933, págs. 91-92); S. Puşcariu, Prólogo al *ALR*, I, pág. 8; S. Pop, *L'Atlas Linguistique Roumain* («Rev. Port. Filología», I, 1947, págs. 12-15); M. Alvar, *Metodología e historia lingüística: A propósito del «Atlas de Rumanía»*. Salamanca, 1951, págs. 22-25.

[4] Vid. el opúsculo citado en último lugar en la nota anterior.

[5] Cfr. *La Dialectologie*, págs. 134-135.

aquí un grave escollo imposible de salvar por los Atlas de grandes dominios.

Por eso, a pesar de sus muchos inconvenientes, la pluralidad de cuestionarios parece tolerable en los Atlas nacionales; es ·perfectamente inútil en los Atlas de pequeños dominios.

Una vez más el *NALF* puede servirnos de referencia. Su organización participa, teóricamente, de una doble faz: como un Jano lingüístico, mira unas veces hacia la totalidad nacional; otras, desciende hasta la peculiaridad regional. Veamos de cerca estas cuestiones.

El carácter del cuestionario del *NALF* fue descrito por A. Dauzat: «Le questionnaire définitif comprendra une partie générale commune à toute la France, et une partie régionale. Sa base sera le questionnaire de l'Atlas Gillièron, qui contient beaucoup de formes bien choisis, mais qui manque de termes régionaux. La partie commune permettra la comparaison entre les deux atlas. Un certain nombre de mots qui, à l'experience, se sont révélés de moindre intérêt, seront supprimés et remplacés par un choix de termes caractéristiques de chaque région» [6].

De acuerdo con estos principios, el *NALF* aparecía con un doble planteamiento: Atlas nacional en cuanto a su parte común, y Atlas de pequeño dominio en cada una de las peculiaridades regionales. Es inútil decir que teóricamente las cosas deben suscitarse de este modo, ya que de no hacerlo así se obtendrían —según he dicho más arriba— tan sólo unos materiales válidos, sí, para el conocimiento de una región determinada, pero difícilmente coherentes para una obra de conjunto. Sin embargo, esto no siempre ha sido posible.

---

[6] *Nouvel Atlas lin. de la France par régions.* Luçon [1942], pág. 5. Casi idénticas palabras en «Le français moderne», julio 1943, pág. 196, y en *La géographie linguistique*, 1948, pág. 29.

P. Gardette ha hecho muy severas reservas al cuestionario de Dauzat [7]. Lógicamente, ante este desacuerdo metodológico, el *ALL* ha seguido distintos caminos que los demás Atlas regionales de Francia [8]: el Atlas del Lionesado «ait son indépendence, notamment en ce qui concerne le questionnaire» [9]. Entonces el carácter unitario del *NALF,* la conexión entre todos sus miembros, la entidad superior que podría nacer de la yuxtaposición de los diversos Atlas regionales está en trance de desaparecer. Pero ¿y el léxico especializado? El propio Dauzat nos puede responder: «j'avais bien spécifié que chaque directeur d'atlas avait toute liberté pour compléter le questionnaire. Cela c'était la théorie. En fin, pour l'atlas gascon tout au moins, j'ai fait commencer trop tôt les enquêtes definitives (par Lalanne) et

---

[7] Sigo su trabajo *Le questionnaire des atlas linguistiques régionaux de France.* «Bulletin de la Faculté des Lettres de Strasbourg», XXXV, 1957, págs. 253-260. En la pág. 253 hay unas breves palabras, graves ciertamente, para el proyecto de Dauzat: «Il ne me semble pas qu'Albert Dauzat se soit jamais clairement posé le problème du questionnaire, de mois qu'il ait envisagé plusieurs solutions.»

[8] Mons. Gardette ha cuidado de señalar nítidamente las diferencias: «Personnellement je lui dois [a A. Dauzat] aussi le geste de généreuse compréhension qui lui a fait accepter, dès le début, que je revendique une complète liberté d'action quant à la méthode d'élaboration (notamment pour le questionnaire) et aussi quant à la réalization des atlas qui ont leur siège à Lyon.»

[9] *Ib.,* pág. 254. A continuación añade —denunciando bien a las claras la separación entre el *ALL* y los restantes componentes del *NALF*—: «pour les atlas qui dépendaient de lui, il avait préparé un questionnaire unique». El *Atlas du Massif Central* de Pierre Nauton es también distinto del de Gardette: obra de un solo encuestador, red poco densa y cuestionario muy abundante (3.500 preguntas, casi doble que el del *ALL).* Las condiciones del país explorado (vitalidad y uniformidad dialectales) parecían exigir tal método (vid. «Bull. Ins. Ling. Romane de Lyon», II, 1956, pág. 5, y Dauzat, *La méthode des nouveaux atlas linguistiques de la France.* «Orbis», IV, 1955, pág. 24).

quand Séguy a constitué son groupe d'enquêteurs, il était trop tard pour compléter le questionnaire» [10].

Ante tal estado de cosas, Gardette ha propuesto un par de soluciones para un futuro próximo [11]. Cualquiera es viable, si se llega a tiempo; en todo caso, nunca será imposible que los autores del Atlas establezcan, al menos en una parte [12], un cuestionario común.

Si dentro del *NALF* el riesgo de la fragmentación ha surgido, difícil será coordinar empresas nacidas de iniciativas independientes. Por eso los cuestionarios [13] regionales redactados pensando en el «pequeño dominio» tienen cierto carácter unitario que los separa de los problemas del cuestionario nacional. Así ocurrió en el *ALC*, así en el *ALEIC*, y así también en mi *ALEA*.

Si nos volvemos a centrar en la idea del cuestionario simple o del doble cuestionario, me inclino porque los Atlas regionales usen exclusivamente uno. Ni la superficie a explorar, ni la di-

---

[10] Carta de Dauzat a Gardette, apud *art. cit.* en la nota 56, págs. 256-257 (nota).

[11] *Ib.*, págs. 259-260. El intercambio de cuestionarios es un principio defendido por los dialectólogos luso-brasileiros (vid. *Informes* citados en la nota 13) y una de las conclusiones establecidas en el *Congreso de Instituciones Hispánicas* (Madrid, 1964, págs. 115-116). Cfr. M. Alvar, *Proyecto de un Atlas Lingüístico y Etnográfico de Aragón*, Zaragoza, 1963, páginas 10-11, y *Atlas Lingüístico y Etnográfico de las Islas Canarias. Cuestionario*. La Laguna, 1964, pág. 21.

[12] La esquemática exposición de hechos me obliga a cierta sequedad. Conste claramente que no juzgo —por eso en esta cuestión concreta he preferido hacer hablar a los interesados—. Me limito a una exposición de hechos, en la que, naturalmente, tengo mis preferencias. Lo que no quiere decir que no me haga cargo de las razones de cada parte. Y las de Dauzat («je voulais voir aboutir un atlas, voir un résultat de mes efforts avant de disparaître de la scène») son, para mí, las más conmovedoras. Una sola vez pude convivir con él: tres días, en el II Congreso Internacional de Pirineístas (Luchón, agosto de 1954). Allí, impreso ya, estaba el primer tomo del *ALG*. Unos meses más tarde (31-X-1955) y Albert Dauzat hubiera quedado con el monte Nebo bajo las plantas, sin llegar a su tierra de promisión.

[13] Vid. S. Pop, *Bibliographie des Questionnaires Linguistiques*. Lovaina, 1955.

versidad de vida autorizan a la singularización. Cuando más, habrá ciertos motivos que faltan en algunos lugares, y sólo eso. El empleo de algo que llamaríamos «cuestionario reducido» viene condicionado por causas externas. Justamente las mismas que recomendaron su aplicación en el *AIS*: conocer el estado dialectal de las grandes ciudades.

En Andalucía hemos explorado todas las capitales, y cuando menos, dos cabezas de partido por provincia. Como usamos cuestionario único, resulta que en las capitales es difícil, si no imposible, obtener respuestas a gran cantidad de los términos de la vida y la cultura rurales. Por eso hemos preguntado todo lo que podía dar algún fruto (fonética, fonología, morfología, sintaxis, partes del cuerpo, la familia, etc.), mientras que hemos desistido de interrogar lo que de antemano pugnaba con la vida ciudadana (la agricultura, las plantas silvestres, la elaboración del pan, etc.). Es decir, establecíamos de este modo una limitación paralela en todo a la del «reduzierte Fragebuch» de Jud y Jaberg y conducente, como en Italia y Suiza, no a conocer el estado dialectal en la superficie del terreno, sino a obtener la penetración social del dialecto. Brevemente: en las capitales no sólo hacemos geografía lingüística (en sentido tradicional, ya veremos por qué) [14], sino, además, sociología lingüística.

En resumen: creo que para explorar grandes dominios conviene un cuestionario general y otros adaptados a las peculiaridades de cada región; mientras que en los Atlas de pequeños dominios no se debe usar más que el cuestionario único, reducido en los grandes centros ciudadanos a aquello que pueda

---

[14] Naturalmente, la geografía lingüística está presupuesta en la localización de las capitales. Los datos que en ellas obtenemos pertenecen, por tanto, a la geografía lingüística. Pero nuestro interés no es tanto el de situar unos datos en la superficie del habla, cuanto el de conocer los diversos estratos sociales de la misma. Vid. págs. 57, 63 y 154 de este libro.

ser conocido en la vida urbana. Conviene que, con objeto de poder establecer ulteriores conexiones, cada director de un nuevo atlas regional dé cabida en su cuestionario a un nutrido número de preguntas de las que figuran en las precedentes [15].

---

[15] En estos momentos se está preparando un *Atlas Linguistique de l'Europe (ALE)*, cuya central está en Holanda y actúa de coordinador el Prof. A. Weijnen. De los resultados que se obtengan habrá que esperar unos planteamientos totalmente nuevos de la geografía lingüística. Un Atlas plurilingüe como éste ha de significar un enriquecimiento de nuestros saberes hasta límites insospechados, así como una problemática en multitud de cuestiones de lingüística institucional imprevisibles en este momento. Baste considerar el alcance del *Atlante Linguistico Mediterraneo (ALM)*, organizado por la Fondazione Cini de Venecia, y los resultados que ya se han obtenido (cfr. M. Cortelazzo, *Primi risultati dell' ALM*, apud *BALM*, VII, 1965, págs. 7-31).

LOS EXPLORADORES

Los Atlas lingüísticos tienen un gran enemigo: el tiempo. ¡Cuántas empresas se han frustrado por su culpa! Por eso difícilmente encontraremos ya el explorador único, como Edmont, como Griera, como Bottiglioni. Los nuevos Atlas románicos son empresas de equipo, de equipos a las veces numerosos en exceso. Creo inútil hablar de si los exploradores deben o no ser lingüistas. El principio de Gilliéron ha sido definitivamente arrumbado (pero, ¿Edmont no era lingüista? Al pie de su nombre, en el *ALF*, se dice: «Auteur du ·Lexique Saint-Polois»). Hoy no exploran más que los lingüistas y, ciertamente, no se puede decir que los frutos escaseen. Incluso cotejando sus cosechas con las de Edmont, en modo alguno podríamos pensar en un balance desfavorable.

Pero si esta cuestión parece aclarada, creo que todavía se presta a discusión la del explorador único o los varios exploradores. El *AIS* contó con tres colectores de gran altura (Scheuermeier, Rohlfs, Wagner). Cada uno exploró un buen número de localidades: Scheuermeier, 311; Rohlfs, 81, y Wagner, 20 [1]. Imitando el método del *AIS* se planearon las nuevas empresas.

---

[1] Wagner se limitaba únicamente a la isla de Cerdeña. Realmente, por la estructura de la lengua y por sus peculiaridades geográficas, Cerdeña forma como una especie de atlas regional dentro del *AIS*. Bien es verdad que en el proyecto primitivo (Sur de Suiza e Italia del norte) se pensó en un solo explorador, vid. K. Jaberg, *Aspects géographiques du langage* (París, 1936, pág. 16).

Ya el *ALPI* contó con varios equipos. Hicieron encuestas: Espinosa, Moll, Rodríguez-Castellano, Sanchís Guarner, Nobre de Gusmão, Otero, y luego, Cintra. Es decir, siete exploradores [2], cuyos trabajos se registran en el mapa 5 del *ALPI*.

En Italia, Pellis actuó como único explorador [3], y Pop y Petrovici [4] trabajaban independientemente en Rumanía. Sin embargo, el ejemplo no se ha podido imitar, ni siquiera en todos los Atlas regionales.

Dauzat planeó el *NALF* dividiendo Francia en varias regiones. En el proyecto inicial eran trece [5], pero pronto hubo que modificar los cálculos; unas veces para relevar a los hombres [6]; otras, porque nuevas preocupaciones científicas hicieron surgir empresas distintas [7]. En todo caso, una inquietud, entre otras,

---

[2] Rodríguez-Castellanos, *El ALPI, art. cit.,* pág. 295, y Sanchís Guarner, *Cartografía ling.,* pág. 62.

[3] Vid. *La Dialectologie,* pág. 606. Las encuestas que Ugo Pellis hizo para el *ALI* sirvieron para que B. Terracini y T. Franceschi publicaran el t. I de un *Saggio di un Atlante linguistico della Sardegna* (Torino, 1964), con 60 láminas de mapas.

[4] Alvar, *Metodología,* pág. 27.

[5] Las copio a continuación; entre paréntesis figura el director (o exploradores) de cada uno de los Atlas: *Norte y Picardía* (Loriot), *Champaña y Lorena* (Bruneau), *Borgoña, Franco Condado y Nivernais* (Lebel), *Isla de Francia y Orleanesado* (Durand-Simon), *Normandía* (Guerlin de Guer), *Oeste* (Pignon), *Franco-Provenzal* (Duraffour), *Auvernia y Limousin* (Dauzat), *Provenza* (Brun), *Languedoc* (Bourciez), *Rosellón* (Fouché), *Sud-Oeste* (Dauzat), *Córcega* (Arrighi).

[6] Vid., por ejemplo, el asendereado camino que llevó el *ALG* hasta las manos de Séguy (A. Dauzat, *Préface* al t. I del *ALG).*

[7] Vid. el *Atlas linguistique et etnographique du Massif Central* de P. Nauton, 3 volúmenes con 1.900 mapas, impresos entre 1957 y 1961. (Cfr. P. Gardette, *L'Institut de Linguistique Romane,* apud «Bolletin de l'Institut de Linguistique Romane de Lyon», II, 1956, pág. 5.) L. Remacle ha publicado el *Atlas linguistique de la Wallonie,* según la encuesta de J. Haust (t. I, 1953). No uso en mis cotejos el *ALW* (vid., sin embargo, K. Jaberg, *VR,* XIV, págs. 34-44), porque sigue métodos muy distintos de las obras que aquí comento (cfr. K. Jaberg, *VR,* XIII, págs. 387-393).

obligaba al fraccionamiento: la necesidad de ganar la batalla del tiempo [8]. Naturalmente, hay dos procedimientos para alcanzar el objetivo: disminuir el territorio a explorar o aumentar el número de investigadores. El *NALF* coordinó ambos recursos. Buena parte de cuanto vengo diciendo y mucho de lo que aún queda pendiente no es otra cosa que justificar la necesidad de parcelar los grandes territorios. Pero ¿y la pluralidad de exploradores?

Los equipos múltiples se explican en los grandes territorios: consiguen así, virtualmente, la partición que, en principio, suscitan los Atlas regionales. Cuando Scheuermeier investigaba el norte y centro de Italia; Rohlfs, el Sur; Wagner, Sicilia. Cuando Espinosa y Rodríguez-Castellano exploraban Castilla; Sanchís y Moll, Cataluña; Otero y Cintra, Portugal [9], no se hacía otra cosa que fragmentar r e g i o n a l m e n t e unos dominios excesivamente grandes.

Claro está, si los Atlas de zonas más pequeñas no tuvieran pluralidad de exploradores, nos encontraríamos en la misma situación que los autores de grandes dominios.

En efecto, mi *ALEA* fue planeado para que las exploraciones las hiciera un solo investigador [10]. Sin embargo, pronto hubo que abandonar esta idea, que exigía, según mis planes, diez años para recoger los materiales [11]. La incorporación de un nuevo explorador —alumno mío, colaborador de mi cátedra— reducía en cinco los años de trabajo, sin atentar contra la unidad. Tan

---

En 1966, H. Guiter ha publicado el *Atlas Linguistique des Pyrénées Orientales,* cuya presentación no deja de ser discutible.

[8] No digo que fuera la única. Por lo que ya he comentado sabemos que se aspiraba a mejorar y completar el *ALF.* Sin embargo, son bien explícitas las pretensiones de Dauzat expuestas en la pág. 1.

[9] Vid. Rodríguez-Castellano, *El ALPI,* ya citado, págs. 291-292.

[10] *Proyecto de un Atlas lingüístico de Andalucía,* «Orbis», II, 1953, página 54.

[11] Sobre los exploradores del *ALEA,* vid. *PALA,* I, 4, págs. 23-25. Me parece muy oportuna la opinión de M. Companys en «Via Domitia», III, páginas 109-110.

sólo más tarde vino a trabajar con nosotros un tercer colector: pero entonces estábamos obligados ya por compromisos que nos exigían unos plazos fijos. En su forma definitiva los materiales del *ALEA* han sido recogidos por tres exploradores (Salvador investigó 110 puntos; Alvar, 98; Llorente, 47), y desde la primera encuesta (Santiago de la Espada, agosto de 1953) hasta la publicación del primer tomo (primavera-verano de 1961) pasaron escasamente siete años. Y, lo más importante, en ese período de tiempo todo el material quedó dispuesto para la impresión (vid. mapa 2).

Estas pocas líneas me sitúan —a mí, como director de un Atlas— ante el problema de la pluralidad de exploradores. Mi primitiva idea —colector único— hubo de ser desechada. La necesidad exigió llegar hasta ese número tres, que me parece muy poco excesivo [12]. Conviene considerar si debe ampliarse o restringirse el número de exploradores [13].

La pluralidad de encuestadores atenta, como es lógico, a la unidad de transcripción; por muy fino que sea el oído de varios colectores, es difícil que no se produzcan desajustes [14]. Sé muy bien las preocupaciones por lograr la uniformidad de criterio, la reiteración en busca de la igualdad, el cotejo de los datos..., todo. Todo lo que nosotros también hemos hecho. Pero bien lo experimentamos en nuestro propio cuerpo, el explorador no es una máquina: se cansa, se pone nervioso, se

---

[12] En una fase previa, otros dos colectores hicieron alguna encuesta. Sin embargo, sus materiales no han sido usados nunca: personalmente repetí todas —cuatro— aquellas encuestas.

[13] El Atlas hubiera sido terminado, según mis planes, con sólo dos exploradores. Si alteré mis propósitos fue porque en un concurso de investigación logré subsidios económicos para acabar la obra. Entonces hubo que acelerar el ritmo de las encuestas. Y obtener dinero para trabajar no suele ser demasiado frecuente. La incorporación de Llorente —que tanto me obliga, por su generosidad sin límites— no creo que haya perturbado la pretendida unidad.

[14] Recuérdese que, en Italia, las transcripciones de Scheuermeier suelen ser más minuciosas que las de Rohlfs y Wagner.

distrae alguna vez. Y esto es imposible de prever. Cada uno de estos pequeños desajustes actúa de forma distinta sobre cada una de las personalidades diferentes; como consecuencia, la variedad de los yerros se multiplica por tantos exploradores como participan.

En el *ALG*, Séguy contó con un equipo abundante: exactamente, 16 exploradores; pero no todos participaron en la misma medida: Allières investigó 22 puntos; Bernés, 7; Bonnafous, 1; Bissières, 1; Bouzet, 13; Companys, 6; Camélat, 1; Dubourg, 1; Estèbe, 1; Lalanne, 68; Lay, 22; Laban, 1; Marque, 2; Massignon, 2; Prat, 5; Séguy, 9; Spanin, 1. El director del *ALG* señala ocho colaboradores principales. Entonces resulta que los 163 puntos del total[15] se reducen a 152, si prescindimos de las colaboraciones secundarias. Excluido Lalanne con sus 68 encuestas, el resto de los exploradores ha investigado en un máximo de 22 lugares y en un mínimo de cinco. Creo que la labor de cada colector atomiza un tanto el conjunto de la obra. Es más, no sé si resultan necesarios esos nueve exploradores con un máximo de dos encuestas. Precisamente ellos plantean la delicada cuestión de si el investigador debe ser de la propia localidad. Para mí, el hecho tiene sus ventajas e inconvenientes[16]; cuando la necesidad obliga a decidirse por cualquiera de las posibilidades, no hay opción a elegir; sin embargo, la participación del nativo ú n i c a m e n t e para investigar su pueblo nos priva de elementos de juicio para saber hasta qué punto ha afinado en su transcripción. Añadamos que, sin estas reservas, Gascuña, con sus 50.000 kilómetros cuadrados, aproximadamente, ha sido explorada por 17 colectores. Quisiera recordar que esta diversidad y las, para mí indiscutibles, autenticidad y riqueza logradas por el explorador nativo en su propio

---

[15] El núm. 659 fue visitado por dos exploradores; sin embargo, la encuesta del 665 SE se hizo por correspondencia (vid. mapa 3).

[16] G. Salvador investigó en el *ALEA* su pueblo natal, Cúllar-Baza, al que había dedicado una importante monografía *(PALA*, II).

pueblo, nos hacen pensar en unas mesuradas palabras de Jaberg: «On imagine difficilement une treintaine de dialectolo-
gues se mettant d'accord comme voudrait M. Merlo, pour faire
un atlas linguistique d'Italie. Un Atlas national composé d'atlas
régionaux perdrait en cohérence ce qu'il gagnerait en authen-
ticité et en précision dans le détail» [17]. Justamente estos temo-
res de Jaberg se suscitan —¿acuerdo?, ¿coherencia?— en el
pequeño dominio de Gascuña.

Las indicaciones que acabo de hacer para el *ALG* son válidas —veremos en qué medida— para el *ALL*. Las 75 localidades
exploradas del Lionesado han sido investigadas por seis exploradores. En la proporción numérica del trabajo no hay tantas
diferencias como en el *ALG*, pues Durdilly, con sus cuatro puntos, en la colectora de menor aportación, mientras que Gardette o Vurpas-Gaillard, con 20, figuran a la cabeza del grupo [18].
De modo semejante a lo que se ha hecho en el *ALG* —ignoro si
se ha llegado incluso a buscar el explorador nativo de una determinada localidad—: «chacun [des membres de cette équipe]
a travaillé dans la région qui lui était déjà connue» [19].

Estos informes —*ALG, ALL*— permiten deducir ciertas ana-
logías. Si, teóricamente, dedujéramos la medida entre número
de encuestas y exploradores, tendríamos que en Gascuña —excluidos los dialectólogos que sólo han investigado uno o dos
puntos— cada colector debería haber visitado 19 localidades,
y en el Lionesado, 13. Aun partiendo de esta proporción —mera-

---

[17] *Aspects géographiques du langage.* París, 1936, pág. 16. Casi veinte
años más tarde, el propio Jaberg juzgaba el plan de Dauzat y llegaba
a parejas conclusiones (vid. *VR*, XIV, pág. 50).

[18] Durdilly exploró, según queda dicho, en cuatro localidades; Escoffier, en 10; Gardette, en 20; Girodet, en 14; Gonon, en 7, y Vurpas-
Gaillard, en 20 (vid. mapa 4).

[19] Nota al mapa *Les enquêteurs* (que figura fuera de la numeración
del *ALL*). En el *Atlas de los Pirineos Orientales (ALPO)* de H. Guiter,
participaron nada menos que 21 exploradores, bien es verdad que esta
obra suscita muchísimas reservas.

mente especulativa, puesto que no se ha respetado nunca— deberíamos aceptar que son muy pocas encuestas para cada explorador. En el mismo plano de abstracción tendríamos que reconocer que un Atlas en el que cada dialectólogo inquiera en menos de 20 puntos, podría estar terminado en un año, poco más o'menos [20].

Ahora bien: bajemos al mundo de la realidad concreta. Estos Atlas, positivamente, no se han terminado en un año [21]. ¿Por qué? Hay dificultades materiales contra las que siempre se estrellan los buenos deseos. Si estas dificultades impiden un ritmo de trabajo más acelerado, creo innecesario multiplicar el número de investigadores si, como ha ocurrido con la multiplicación, no se logra ganar la batalla del tiempo.

Bien sé que de un explorador no se puede disponer indefinidamente. Pero esos cuatro o cinco años de que se ha hablado como máximo [22] permiten una parca cosecha. Siempre queda, además, el director de la obra para dar continuidad ininterrumpida a los trabajos cuando los demás exploradores fallen. Pero esto suscita la cuestión de si el director debe explorar sistemáticamente o no. La tradición de los Atlas nacionales *(ALF, AIS, ALPI, ALR, NALF)* es enemiga de tal participación. Por el contrario, en los Atlas de pequeños dominios *(ALC, ALEIC,* por no citar sino a los más caracterizados), el promotor de la obra es, a la vez, explorador. Quien dirige, creo, debe participar en las tareas más penosas. No sólo por el valor ejemplar que para los otros colaboradores tiene ver la solidaridad en el sacrificio, sino porque el campo es la mejor escuela para todos. Conociendo hasta el último detalle todos los problemas que surgen sobre el terreno, se pueden elaborar mejor y sin yerros

---

[20] Suponiendo, claro está, que el investigador deba tener otras actividades que las exclusivamente colectoras.

[21] Las encuestas del *ALG* duraron de 1941 a 1953, y las del *ALL,* cinco años.

[22] *La Dialectologie,* pág. 570.

los mapas que luego se publican [23]. Las anomalías, las incongruencias, los absurdos que el explorador anota, cobran luz cuando el director de la obra tiene conciencia de lo que ocurre en la realidad animada. Más allá de los escuetos números de un mapa. Se me argüirá: el trabajo, la responsabilidad, preocupación, etc., del director, ¿deben acrecentarse con nuevos esfuerzos materiales? No sabría responder. Yo he dado forma a la obra —buena o mala, no es el momento de discutirlo—, he pedido ayudas, he redactado mapas, he hecho 98 de las 255 encuestas de mi Atlas, he copiado más cuadernos de formas que todos mis colaboradores juntos, he corregido los mapas del cartógrafo. Si se me preguntara por las enseñanzas de tan largo aprendizaje, respondería, sin titubeo, que la facilidad con que he podido trabajar en mi seminario (organizar materiales, preparar mapas) se debía única y exclusivamente al conocimiento, real y directo, que tengo de todas las comarcas exploradas. Desde la modestia de mis trabajos —nadie ve como yo sus deficiencias— podría añadir que nunca aprendí tanto como en esta monótona reiteración de tres mil preguntas en casi cien pueblos. Mucho más de lo que me enseñaron otros centenares de encuestas heterogéneas en el Pirineo, en las juderías de

---

[23] S. Pop ha señalado diversos errores de Puşcariu al interpretar los materiales del *ALR (L'Atlas Linguistique Roumain*, «Rev. Port. Filol.», I, 1947, págs. 62-63); pienso que es muy poco asistir «seulement une fois pendant presqu'une heure durant... sept annés d'enquête» *(ib.*, pág. 47, nota).

Jud y Jaberg se percataron de la necesidad de este conocimiento directo de la realidad dialectal. Habían hecho numerosas encuestas previas, acompañaron a los exploradores en las épocas de vacaciones y asistieron —sobre todo al principio de la recolección— con Scheuermeier a bastantes indagaciones. Sentían la necesidad de conocer todo por su propia cuenta y, gracias a este contacto directo, pudieron dirigir, magistralmente, la índole de los comentarios (que a veces no se han podido publicar). Cualquier dialectólogo leerá con emoción las bellas páginas con que Jaberg describió la encuesta de Rohlfs en Serrone *(Aspects géogr.*, ya citados, págs. 29-30), buena muestra de un conocimiento real de las cosas.

Marruecos o en la deslumbradora belleza de la isla de Tenerife.

Un último punto. En este capítulo he hablado de unidad o pluralidad de investigadores. Mi opinión, hoy, es favorable a la pluralidad, siempre y cuando no se llegue à la atomización del trabajo. Sin embargo, queda un importante motivo a considerar. La diversidad de exploradores no quiere decir que, dentro de una localidad, los dos o tres investigadores que puedan ir a ella se repartan el trabajo. Creo anticientífico y con resultado de valor muy dudoso el interrogar a sujetos distintos distintas partes del cuestionario. Entonces los yerros se multiplican demasiado: dualidad de sujetos, dualidad de transcriptores, preguntas diferentes... [24]. Por eso me parece no sólo discutible, sino de resultados caóticos lo que pueda obtenerse con el criterio que —según Graur— se sigue en la Unión Soviética:

> Las encuestas se realizan por grupos numerosos, por un gran número de personas que visitan cada punto. Así se tiene tiempo y los medios de dirigirse a una gran cantidad de personas —hombres y mujeres, viejos y jóvenes, etc.— y de esta manera se pueden corregir los errores eventuales [25].

---

[24] En el art. citado en la nota 4 describo la manera de llevar a cabo las encuestas en nuestro *ALEA* (págs. 25-26), distintas totalmente de la del *ALPI* (vid. L. Cintra, «Orbis», III, págs. 417-418). Téngase en cuenta M. Companys, *Les nouvelles méthodes d'enquête linguistique*, «Via Domitia», III, 1956, pág. 106.

[25] Cit. por José J. Montes, *Dialectología y geografía lingüística. Notas de orientación*. Bogotá, 1970, pág. 91, nota 12.

LOS INFORMANTES

El número de sujetos que deben ser interrogados depende de dos factores:

1) Naturaleza de la encuesta.
2) Estructura del cuestionario.

Se ha hablado mucho de la necesidad del informador único [1], y tal es la tradición que se viene sosteniendo desde los tiempos de Gilliéron. Se ha dicho de mil modos que los Atlas pretenden la instantánea lingüística del momento en que la pregunta se ha formulado [2]. Ahora bien, en un Atlas caben más cosas y, todas, continuamente enlazadas. Para rellenar el cuestionario en un punto cualquiera, vale un solo sujeto. Y tal es el método que todos hemos seguido. Pero la instantánea no habla de la sociología ni de la biología del lenguaje. Y ambas —sociología y biología— fueron preocupaciones cardinales ya en la obra de Gilliéron [3]. Estamos, pues, acercándonos a lo que en líneas anteriores llamaba «naturaleza

---

[1] Véanse testimonios agrupados en *La Dialectologie*, pág. 1162.
[2] Gilliéron, *Notice*, pág. 7; Pop, *Buts et méthodes*, pág. 16; Jud-Jaberg, *Der Sprachatlas als Forschungsinstrument*. Halle, 1928, págs. 213 y sigs.; Puşcariu, *ALR*, I, pág. 11, etc.
[3] E. Gamillscheg, *Die Sprachgeographie*. Bielefeld-Leipzig, 1928, *Prólogo;* K. Jaberg, *Aspects geographiques du langage*. París, 1936, pág. 19.

de la encuesta». No siempre basta con rellenar el cuestionario. En ocasiones se necesita conocer el alcance de un fenómeno; otras, establecer las diferencias que existen entre gentes de distinto sexo o de diverso estrato social; en alguna, atestiguar la existencia de un arcaísmo. Entonces se impone la pluralidad de informadores, sin que por ello se perturbe la pretendida imagen de la instantánea.

En el *ALG* suele usarse más de un sujeto. Precisas observaciones permiten conocer a cuál de ellos responde la respuesta transcrita. Creo que no hay otro modo de hacerlo: considero imprescindible la elección de un solo informador —y la interrogación en total aislamiento—, pero aunque el informante haya respondido con exactitud, hay algunos huecos que rellenar. Por ejemplo, un hombre suele ignorar cómo se llaman los entuertos, ciertas faenas de la elaboración del pan o alguna prenda del vestido, por no citar sino unos cuantos casos. Las mujeres responden muy bien a estas cuestiones, a las que se refieren al cuerpo humano o a la terminología de la familia o de las creencias. Por el contrario, son, en Andalucía al menos, perfectamente inútiles para describir las labores del campo o la ganadería. Ante estos motivos, tuve que dar preferencia al informador varón, habida cuenta del carácter agrícola de mi cuestionario [4].

Sin embargo, creo que en determinados casos hay que repetir, con sujetos de sexo distinto, una buena parte de la encuesta. Me refiero a las áreas fronterizas o zonas de gran efervescencia dialectal.

Las mujeres son, unas veces, conservadoras de arcaísmos lingüísticos, mientras que en ocasiones llevan la iniciativa en la innovación [5]. El descubrimiento de una clara oposición

---

[4] Vid. *El Atlas ling. etnogr. Andalucía*, págs. 27-30.

[5] Vid. bibliografía en *Diferencias en el habla de Don Fadrique (Granada) (PALA*, I, 3, págs. 4-5). Dauzat recomienda en el *NALF* que sean consultados dos informadores: «un cultivateur et sa femme» *(art. cit.,*

hombre / mujer en la primera de mis encuestas fue la feliz casualidad que me llevó a introducir este aspecto de sociología lingüística en mi Atlas [6]. Así hemos podido ver en muchos casos la diferencia articulatoria entre gentes de sexo distinto y, sobre todo, el arcaísmo femenino en ciertas zonas fronterizas. De pasada voy a aducir un testimonio ampliamente glosado en otra parte. En Puebla de Don Fadrique, localidad de habla murciana, pero atacada de andalucismo invasor, las mujeres conservan su *ll* o su *-s* final absoluta, mantienen arcaísmos verbales del tipo *riyo, vides* o *trujo* y en el léxico oponen sus *obispa, margarite, escarpines, banzos* (de la cama), *pocillo, escullirse* a las *avispa, dedo chico, calcetines, largueros, tacilla, resbalar* de los hombres [7].

Idéntico procedimiento hay que seguir en las capitales. En el *AIS*, hemos visto, los grandes núcleos urbanos eran investigados con un cuestionario reducido; además, solía hacerse una encuesta doble [8]. En Andalucía hemos estudiado todas las capitales de provincia, como centros de irradiación lingüística [9],

---

«Orbis», IV, pág. 25). En parte tiene razón, pero creo que el hombre sabe más de los quehaceres domésticos que la mujer de los agrícolas. Mi experiencia me ha llevado a la conclusión de que en el campo, el hombre, por necesidad de la vida que lleva, conoce bastante bien la terminología de la casa, de los utensilios de cocina, etc.

[6] Jaberg anotó en sus *Aspects*, págs. 21-22, las diferencias que Rohlfs había encontrado en Lucera (707 del *AIS*).

[7] El resultado transcrito era fruto de dos «instantáneas lingüísticas»: una, con un hombre; otra, con una mujer; ambos reunían excelentes características como informadores. Cerca de Puebla se cumplen procesos afines; vid. G. Salvador, *Fonética masculina y fonética femenina en el habla de Vertientes y Tarifa (Granada)* («Orbis», I, 1952, págs. 19-24). El resultado de mi experiencia andaluza se puede ver en un trabajo de conjunto que figura en las págs. 129-148 de *Variedad y unidad del español. Estudios lingüísticos desde la historia.* Madrid, 1969.

[8] Vid. *Aspects*, págs. 20-21. En Florencia se interrogó a dos personas cultas y a otra de un barrio popular.

[9] En el *ALPI* no se ha hecho encuesta en ninguna capital (vid. Sanchís Guarner, *Cartografía*, págs. 48-52), aunque existió el proyecto *(ib.,* páginas 55-56). No alcanzo a comprender las aclaraciones del pensamiento

usando, tan sólo, parte del cuestionario general[10]. Nuestras encuestas urbanas han sido más amplias que en los otros Atlas: hemos interrogado, cuando menos, a dos personas universitarias (hombre y mujer) y a otras dos (también de sexo distinto) de barrios diferentes. Cuando alguna actividad podía dar fisonomía especial al habla (marineros) o cuando algún suburbio tenía relevante personalidad (Albaicín en Granada, Triana en Sevilla), entonces procurábamos dar cabida en nuestros interrogatorios a gentes que pudieran ser espécimen de cada una de tales peculiaridades. De este modo creo haber mostrado, y con cierta eficacia, mi preocupación por algunos hechos de sociología lingüística no siempre bien conocidos[11].

Al comienzo de este capítulo decía que el número de sujetos a investigar depende, también, de la «estructura del cuestionario». Hay que partir de un supuesto previo: el carácter rústico que suelen tener nuestras indagaciones. Lógicamente han de adaptarse a la naturaleza de la vida en las localidades que se estudian. Por eso la redacción de las preguntas debe ir en consonancia con las respuestas que se puedan encontrar. Para interrogar a un campesino sobran los términos abstractos o los vocabularios de otros oficios epecializados. He aquí el punto

---

de Navarro, que se hacen en la pág. 55 del folleto de Sanchís. El interés que tiene conocer el estado del dialecto en los grandes centros urbanos ha quedado bien preciso en el libro de J. Séguy *Le français parlé à Toulouse*. Toulouse, 1950. (Obra que acrecienta su interés por ser testimonio del encuentro de dos lenguas diferentes.) Vid. págs. 62-66 de esta obra.

[10] Vid. nota 14 en la pág. 138.

[11] Fenómenos de carácter innovador en el habla de las mujeres se encontrarán en el trabajo que cito en la nota 47. Ahora paso sin mayor detención.

La encuesta sistemática con varios informadores en la misma localidad permiten en Andalucía plantear estos hechos con un alcance mayor que en los demás Atlas.

Este mismo criterio ha sido seguido en las exploraciones de Canarias; vid. el capítulo dedicado a la *Sociología lingüística* en mis *Estudios canarios*, I, 1968, págs. 25-41.

capital de toda encuesta: la elección de las preguntas. Inquiriendo por casi tres mil conceptos, pocas veces tenía que desestimar, por inoportunas, mis indagaciones. Creo que, sin dificultad, se podrían añadir todavía otros miles de palabras con una relativa seguridad de éxito.

Ahora bien, el habla de una localidad tiene algo más que ciertas cuestiones de léxico general y otras de vocabulario campesino. No hemos de desatender actividades, viejas como el hombre, de noble abolengo tradicional: la pesca, la alfarería, los telares... Es necesario ver estos menesteres en relación con la vida toda del pueblo; unas veces, por su vinculación; otras, por su contraste. Entonces se impone el empleo de una pluralidad de informadores. Con ello no adulteramos la unicidad del Atlas, sino que se completan ciertos aspectos de la vida rural que nos permiten conocerla en su plenitud. Éste, al menos, ha sido mi criterio en los Atlas que he realizado: un sujeto para cada localidad; con él rellenaba todo el cuestionario. Después, informes secundarios de los conocedores de cada oficio me permitían completar la terminología de las pequeñas técnicas: almazaras, molinos, fragua, carpintería, etc.[12].

---

[12] Claro que la pluralidad de informantes se exige en trabajos con distinta orientación de los que ahora comento (cfr., por ejemplo, R. Trujillo, *Resultado de dos encuestas dialectales en Masca*. La Laguna, 1970).

ATLAS LINGÜÍSTICOS Y ETNOGRAFÍA

Los nuevos Atlas de la Romania han mantenido las innovaciones del *AIS*. De una u otra forma, antes del *AIS*, Jaberg había hecho conocer sus discrepancias con respecto al exclusivismo lingüístico de Gilliéron y, concretamente, de Griera. En su reseña, fundamental e imprescindible para los estudios de geografía lingüística, del *ALC* escribía: «M. Griera donne les réponses de ses sujets sans aucun commentaire. Ne fallait-il pas, sous ce rapport, aller au delà de ce qu'a fait le maître?» [1]. Estos comentarios que Jaberg desea son, inequívocamente, aclaraciones en el campo de los «objetos». Aduzcamos unos brevísimos testimonios: «*aixeta* et *canella*. Est-ce la même chose?... Prennez la carta 155 ARNA. Quels son les mots qui se rapportent à des troncs d'arbre creux lesquels désignent des ruches faites d'écorce?...» [2].

Hoy nadie duda del acierto de estudiar juntas *palabras* y *cosas*. En puridad, las Atlas lingüísticos más recientes son, con idéntico derecho, etnográficos. Así todos después del *AIS*. El *ALEIC*, el *ALR* (en sus dos series) [3], los diversos del *NALF* y el *ALEA*. Jaberg defendió con sólidos ejemplos su criterio [4]; a

---

[1] «Romania», L, pág. 10 (de la separata).
[2] *Ibidem.*
[3] Me refiero a los volúmenes publicados desde 1938 a 1942 y a la nueva serie (1956).
[4] *Aspects*, págs. 23-28.

estas alturas me parece innecesario replantear teóricamente las cuestiones. Sin embargo, puede ser de cierta utilidad señalar diferencias entre el alcance que puedan tener las «cosas» en un Atlas de un gran dominio o en otro regional.

Hay que volver, como tantas veces, a comprender los distintos alcances de ambas compilaciones. Hay voces que, lingüísticamente, tienen interés en un Atlas nacional y no —o al menos tienen interés de otro tipo— en uno de un pequeño dominio. Por ejemplo, en el *ALPI*, voces como *ojo, dedo, doce* o cosa por el estilo son mucho más interesantes que otras que puedan dar una gran variedad, pero inútiles, estas últimas, para el trazado de una frontera o de una caracterización dialectal. *Ojo, dedo, doce* tienen un valor sincrónico indudable, pero reflejan también una diacronía que sirve para conocer la historia de los romances peninsulares. En Andalucía, por el contrario, *ojo, dedo, doce* no tienen otro valor que el sincrónico *(ojo, oho,* etc.; *dedo, deo,* etc.; *doce, dose, dohe,* etc.). Es decir, lo que puede ser fructífero en un Atlas nacional, puede ser estéril en uno regional. Y viceversa [5].

En el campo de los objetos, los hechos ocurren de un modo paralelo. Los materiales del *ALEA* señalan una total monotonía en la forma de los yugos andaluces. Si embargo, ¿quién no recuerda la riquísima variedad de Vasconia, del noroeste ibérico, de Cataluña? Para un Atlas nacional será imprescindible recoger las formas del yugo, pero la amplitud de su malla (insuficiente para captar las mil diferencias) será poco eficaz para agotar todos los detalles en las zonas más prolíficas. Sus utilidad queda justificada, precisamente, en ese señalar los índices de abundancia o escasez. De sus informes se puede colegir dónde es necesario apurar matices y dónde no.

---

5 Vid. anteriormente todo lo que he dicho acerca de la mayor riqueza léxica de los Atlas regionales.

Otras veces, las respuestas en el Atlas de un gran dominio faltan o escapan entre los claros de la red. Por ejemplo: en el *Cuestionario* del *ALPI* (pregunta 422 *a)* aparece un tema etnográfico, *la noria.* Gran parte de España ignora el ingenio[6], y en otros muchos sitios no se ha podido comprobar su existencia. Es claro que todos los Atlas tienen sus limitaciones, y bien lo sé. No hago ahora otra cosa que poner unos ejemplos que muestran la necesidad de inquirir minuciosamente en unos pequeños dominios. Según la lista de Sanchís Guarner[7] y los mapas ya impresos, el *ALPI* no exploró ningún pueblo de la ribera del Genil (desde Loja hasta su confluencia con el Guadalquivir); un análisis minucioso —impropio de un Atlas de gran dominio— me hizo descubrir que las llamadas *norias*[8] de los ríos Genil y Guadajoz son las viejas *azudas* descritas por Covarrubias[9], en todo iguales a las de los ríos Orontes y Éufrates, herederas de la *albolafia* cordobesa[10], y, por su historia, antecesoras de las de Fez[11]. El hallazgo de este antiquísimo ingenio, vivo aún al cabo de milenios, planteó problemas lingüísticos, no solamente etnográficos[12]: palabras nunca recogidas, arabismos recónditos, cobraron sentido al aparecer unidos a la antigualla cultural[13].

---

[6] Cfr. *El árabe 'an-naura y su difusión en la toponimia peninsular (BFil,* XVI, 1957, págs. 1-13, especialmente el mapa núm. 3. El gráfico tiene un valor relativo, pero es indudable que la noria falta en la España húmeda).

[7] *Cartogr. ling.,* ya citada, págs. 50-51.

[8] Caro Baroja dedicó un magnífico estudio etnográfico a este tema *(Norias, azudas y aceñas, RDTP,* X, 1954, págs. 59 160). Reproduce una foto antigua de la rueda de Puente Genil.

[9] *Tesoro de la lengua castellana o española* (Edic. Riquer), s. v. *azuda.*

[10] Vid. Caro, *art. cit.,* págs. 87-88 (figs. 19-20). La *albolafia* fue desmontada en 1492. Cfr. fotos 1-4.

[11] G. Colin, *La noire marocaine* («Hesperis», XIV, 1931, pág. 41).

[12] Al tema dediqué una monografía, aún inédita.

[13] Vid. mi etimología *La raíz árabe N-Q-L 'transportar'* y el *andaluz añeclí(n) 'artesa de azuda'* en el «Homenaje a Rohlfs». (Se reprodujo, con nuevos datos, en el t. V, págs. 87-89, de la «Misc. est. árabes y hebr.», 1957.)

La recogida de elementos etnográficos se hace imprescindible para los dialectólogos. El planteamiento actual de las cuestiones señala un notable progreso con respecto a las obras de nuestros pioneros. En páginas anteriores he comparado, desde un punto de vista estrictamente lingüístico, algunos mapas del *ALF* con otros de *ALG* y del *ALL;* veamos ahora un cotejo semejante, pero inspirado en el empleo de un instrumento agrícola.

El mapa 580 del *ALF (fléau; fléaux)* ofrece las siguientes formas en el dominio lionés [14] (sitúo junto a ellas las que se recogen en el mapa 80 del *ALL)*:

	ALF	*ALL*
(919)	ékûeó	ekusu (1) [15]
(909)	ékǫsǽ	ekòsu (5)
(916)	ékûeàǽ	ekuscœ (7)
(917)	ĕkûeȁẅ	eḱœeà (8)
(905)	ékûeó	ékòsu (15)
(908)	ǫ́kœ̃sŭ	ékòsu (21)
(914)	ĕkœ̃sŭ	ékòscœ (19)
(819)	ékǫsŭ	àkòsu (47)
(911)	ékǫsŭ	ékòsu (39)
(808)	ékǫsò	ékusóu (46)
(818)	ékǫsŭ	ékòsu (49)
(809)	ékòsŭ	ékùsu (47)
(816)	ékûsœ̃ō , ékų́su	ékusu (60)
(829)	ékòsŭ	ékusu (65)
(817)	ékûeŭr	ékusu (75)

En las fotografías 16-19 se pueden ver una azuda de Oriente y otra cordobesa, amén de dos tipos distintos de *añeclines.*

[14] Las localidades van ordenadas, en mi lista, de Norte a Sur. En ocasiones, por no corresponderse exactamente los lugares del *ALF* con los del *ALL,* tomo como punto de referencia la localidad más próxima del *ALL.* El número que precede (en el *ALF)* o que sigue (en el *ALL)* a cada voz, es el que la localidad tiene en los Atlas respectivos. En el mapa 5 reproduzco el oportuno fragmento del *ALF,* y en los 6-7, algunas cuestiones de las que se tratan en el *ALL.*

[15] En todos los casos, *u* = *ou* del francés.

Prescindiendo de diferencias fonéticas, a las que ahora no puedo prestar mi atención, observamos la uniformidad etimológica de ambas series. Hasta este momento, poco fruto obtenemos del cotejo, y no lo conseguiríamos mayor si tuviéramos en cuenta los otros puntos del *ALL*. Sin embargo, los materiales del *ALL* aportan nuevos datos: el mapa 81 *(le manche du fléau)*, el 82 *(le battoir)*, el 83 *(la «chape»)* el 84 *(la lanière d'attache)*, el 85 *(le «tourniquet»)* y el 86 *(battre au fléau)* son de un notorio valor etnográfico [16].

Consideremos la misma cuestión en el *ALG*. He aquí los materiales a comparar (mapas 8, *ALF*, y 9-10, *ALG*):

	ALF	*ALG* [17]
(548)	låyĕt	layèt
(630)	klá:	kłyá
(650)	låyĕt	layèt
(632)	kłĕ	kłé, klè
(641)	flĕ̀ò	flajet
(634)	flĕ̀ò	fléu
(643)	flåjét	fiajèt
(662)	låjĕt	lajèt
(635)	flåjĕ̀	flajé
(636)	flāzĕ̀ò	flajèu
(653)	låjyĕt	lajèt
(645)	ĕhlåjét	éslajèt
(664)	hlåjĕt	layèt
(647)	hlåjĕt	flajèt

---

[16] Antes de la publicación del Atlas, P. Gardette había comentado el mapa *Le «tourniquet» de fléau* en un artículo del mismo título *(Mélanges Roques*, t. IV, págs. 125-133). Para mi ejemplo he elegido estos testimonios por cuanto tienen de larga tradición en los estudios románicos. Véase ahora el excelente libro *Coisas e palavras*, de Herculano de Carvalho (Coimbra, 1953), con muy rica bibliografía. Aporto datos del *ALEA* en «Rev. Port. Filol.», VIII, 1957, págs. 253-257; cfr. *ALEA*, I, mapas 114-115, láminas 109-110.

[17] El *ALG* conserva la numeración del *ALF*. También ahora ordeno de Norte a sur y de Oeste a Este.

	ALF	*ALG*
(656)	bĕrgé	lajèt
(676)	hílăt	hilèt
(648)	flằjét	flajèt
(649)	flặtsĕl	flatsèl
(680)	hặĭlèt	ćehhyalèt
(657)	hlằjĕt	lajèt
(665)	ĕhyằlét	hyalét
(658)	flặjèt	lajèt
(667)	lằjèt	lajèt
(659)	flằjét	flajèt
(682)	lằyĕt	ćehlayèt
(681)	lằyĕt	ćehlayèt
(675)	ĕhlằyèt	éhlayèt
(668)	lằjèt	lajèt
(683)	hlằyĕty	ćehlayẹty
(684)	ĕhlằyét	éhlayèt
(676)	hlằjèt	lajèt
(669)	lằjèt	lajèt
(690)	hlằyœ̀t	flèu
(760)	flằjèt	flajèt
(678)	ĕhlằjèt	éslajèt
(679)	lằjèt	lajèt
(686)	ĕzlằyèt	éhłayèt
(685)	éhlằyœ̆t	éllayẹty
(691)	hlằyĕty	énlayẹty
(688)	ĕhlằyèt	éslajèt
(771)	flằjèt	flajet
(772)	flằjèl	flajèl
(694)	ĕilằyét	éslayèt
(781)	ĕzlằyét	alajèt
(692)	hlằyĕty	éhlayét
(689)	ĕzlằyèt	éhlayét
(696)	hlằyét	ézlayèt
(780)	ĕzlằyèt	alajèt, esla
(782)	flằjèl	flajèl
(693)	ĕilằyèt	éhlajète
(695)	lằyét	ézlayét
(790)	ằlằyĕtey	alajète

ALF	ALG
(698)	hlãyèt	ézlayèt
(699)	lãjèt	alajèt
(697)	lãyét	layét
(791)	flãjèl	frajèl

Tanto ahora como en el caso considerado en las págs. 108-110 son abundantes las diferencias entre el *ALF* y el *ALG;* sin embargo, difícilmente hacen variar en él algún punto la estructura léxica de la región. La originalidad del vocabulario —múltiple como en el *ALL*— aparece en los otros mapas (295, *battre;* 297, *battoir du fléau;* 298, *manche du fléau;* 299, *articulation du fléau),* en las notas que los valoran o en los gráficos (número 294, *battage)* que los aclaran.

Ahora no sólo la lingüística —enriquecida con los términos más terruñeros— sino también una excelente documentación de las «cosas». Esto es: aquello que apenas significaba nada en la visión general del *ALF,* cobra vida, múltiple y riquísima, al abrir ante nuestros ojos, como abanico, todas las posibilidades del despliegue pormenorizado de esos doce mapas [18].

Las consideraciones anteriores no condicionan la cartografía lingüística a la etnografía, ni al revés. Cada una de ellas tiene su campo bien definido; lo que ocurre es que en un determinado sector sus actividades convergen: en ese segmento de

---

[18] En las adiciones está precisamente el mayor interés de los nuevos Atlas. Como hemos visto, no hay demasiada discrepancia en los mapas comunes. (Vid. «Fran. mod.», abril 1955, pág. 149.) Gardette ha señalado el respectivo valor de los dos tipos de Atlas: «Il faut avouer qu'Edmont, si bon enquêter pourtant, est passé à côte du vrai patois: mais ce n'est pas sa faute, c'est la faute de la question posée» *(L'Atlas ling. et ethnographique du Lyonnais.* «Biblioth. du Fr. Mod.», pág. 1). Otras cuestiones, apenas interesantes, para la lingüística, son de valor incalculable para la historia cultural. Cfr. los mapas de la *azada,* del *arado* o de la *guadaña,* en el *ALEA* y las págs. 156-158 de este mismo estudio.

coincidencias, la coexistencia es necesaria; fuera de él, lingüística y cultura popular siguen sus caminos propios. Hay Atlas etnográficos, de alcance y significación precisos [19], lo mismo que gran parte de los mapas incluidos en un Atlas lingüístico no tiene nada que ver con la cultura popular (cfr. ilustraciones al fin de este volumen, láminas 11-15 y mapas 6-7).

---

[19] Cfr. R. Weiss, *Einführung in den Atlas der schweizerischen Volkskunde.* Basilea, 1950; *Atlas der schweizerischen Volkskunde,* por P. Geiger y L. Weiss. Zürich, 1950 y sigs.; F. Krüger, *El Atlas del folklore suizo (RDTP,* IX, 1955, págs. 385-404) y *Géographie des traditions populaires en France.* Mendoza, 1950. También resulta aprovechable —a pesar del mal español— el trabajo de C. E. Dubler, *Estudio crítico sobre «Volkskunde der Schweiz» de Richard Weiss (RDTP,* VI, 1950, págs. 214-231). Un excelente estudio de «palabras y cosas», partiendo de información geográfico-lingüística, es el de G. B. Pellegrini, *Tradizione e innovazione nella terminologia degli strumenti di lavoro* («Settimane di Studio del Centro italiano di studi sull' alto medioevo», Spoletto, 1971, págs. 329-514). Para una bibliografía sobre la cuestión, cfr. Jorgu Iordan, *Lingüística románica.* (Reelaboración parcial y notas de M. Alvar. Madrid, 1967, págs. 103-128 y 465-467).

UN EJEMPLO DE PALABRAS Y COSAS:
LA NOMENCLATURA ICTIOLÓGICA ESPAÑOLA

La publicación, en 1965 de la *NOE* fue un paso importante para poner orden en un campo muy enmarañado [1]. Porque el alcance de la obra va mucho más lejos del comercial; afecta a una parcela importantísima de nuestro léxico, a las relaciones de nuestro vocabulario con el de otros pueblos, a la condición de qué se entiende por «oficial» y al carácter dogmático que la palabra tiene, a la creación de una *koiné* pesquera... Los problemas son muchos y variados. La voz de los lingüistas no debió faltar a la hora de tomar decisiones que afectan —más que a nada— a la lengua [2].

La «nomenclatura oficial» lo es considerando como base la «lengua oficial». Este primer planteamiento nos enfrenta con una ardua realidad. Sin descender a precisiones dialectales, la *NOE* recoge un vocabulario que pertenece a cuatro lenguas distintas: vasco, castellano (incluyo en él tanto los dialectos cantábricos —santanderino, asturiano— como los meridiona-

---

[1] F. Lozano Cabo, O. Rodríguez Martín, P. Arté Gratacós, *Nomenclatura oficial española de los animales de interés pesquero*. Madrid, 1965.

[2] En otros sitios las cosas se hicieron mejor, vid. V. Vinja, *La préparation des catalogues des noms de poissons et la méthode de la géographie linguistique (BALM, I, 1959, págs. 153-161).*

les), gallego y catalán. Esas cuatro lenguas son nacionales por cuanto se hablan en el país y por ciudadanos con idénticos deberes y derechos. Al seguir un criterio de «oficialidad» debe tenerse en cuenta —ante todo— la nomenclatura de las costas que hablan castellano, y sólo en casos extremos (ecúmene habitado por estos seres marinos, nomenclatura difundida antes de redactarse la oficial, préstamos al castellano) se debe dar una designación no castellana. Cuando se haga la terminología «oficial» del vasco, del gallego o del catalán será absurdo recurrir a las voces castellanas cuando esas lenguas posean la suya propia. He aquí un primer principio que explicaré más adelante.

Por otra parte, la erección en término «oficial» de uno que hasta este momento sólo lo es «coloquial» debe hacerse según un principio de generalización, puesto que carece de sindéresis convertir en voz «oficial» la que sólo tenga un carácter local. Cuestión que es paralela a otra mucho más importante: cómo un dialecto accedió a lengua nacional. Si un elemento geográficamente limitado rebasa sus barreras de origen, es porque lo aceptan otras comunidades, que lo hacen suyo. A la hora de la ordenación no se puede ignorar este democrático sufragio: conviene no olvidar que lo que pertenece a los más es un bien más compartido; por tanto, no se puede proceder arbitrariamente, sino elevar a la cabeza de la sistematización las palabras más conocidas. Éste sería el segundo principio que impone la geografía lingüística.

Claro que no siempre será posible atender a esta solución. Podemos encontrar un solo nombre para pluralidad de especies. Entonces será necesario que la nomenclatura «oficial» seleccione para evitar la homonimia. El principio —tercero en nuestro orden— es importante por cuanto no sólo resolverá las dudas de una posible reiteración, sino que —además— vendrá a difundir un testimonio según unas motivaciones distintas de las que pudiéramos llamar tradicionales.

Pero —y esto es fundamental— las listas que suministran los medios para redactar la terminología «oficial» deben ser completas —para evitar ignorancias—, deben ser fidedignas —recogidas por técnicos— y deben ser ordenadas con un doble criterio lingüístico-biológico. Si no se respetan estos planteamientos, los resultados serán falsos. Sé muy bien, cuán difícil es en dialectología llevar a cabo encuestas de este tipo [3], pero no se ignore que, ante un pez, podrá reaccionar mal un pescador, o desconocerlo o desinteresarse de aquello que el naturalista necesita, etc. Es decir, la terminología vulgar, desde muchos puntos de vista, podrá ser inexacta, pero es ella —inexacta o no, polisémica o monosémica— la que es viva y real; cualquier otro procedimiento llevará a falsear la realidad. Nuestro cuarto principio postula por las encuestas *in situ*, llevadas a cabo por hombres con una formación idónea.

Aplicando los principios de la geografía lingüística se puede ver cómo hay una divergencia entre la clasificación de los naturalistas y las diferencias del pueblo [4]. Esto suscita, también, la necesidad de establecer una terminología «oficial» para muchas variedades que son poco características. Es fácil hacer la ordenación de los niveles inconfundibles, pero no cuando los rasgos se hacen asistemáticos o poco caracterizadores. Quinto principio que debemos considerar: al elegir nomenclatura, qué distinguir y cómo distinguir de todo lo que los biólogos estudian.

Estos cinco principios de la geografía lingüística deberán completarse, cuando se trate de una terminología «oficial», con otros imprescindibles o prácticos: si lo que se pretende es orientar —comercio, relaciones internacionales, etc.— deben darse listas tan completas como sea posible; de otro modo, nunca se lograrán resolver las aporías de una nomenclatura

---

[3] Vid. *Cuestionarios de láminas. (El ALM y las investigaciones en Gran Canaria) (BALM*, VIII, 1968, págs. 42-43).

[4] Artículo citado en la nota anterior, pág. 40, especialmente.

insuficiente. Y subsistirán las dudas y vacilaciones que la obra quiere obviar. Sexto principio el de la totalidad de la nomenclatura y no su carácter parcial.

Añadamos que —frente al quinto apartado: un solo nombre para varios animales— se dará con frecuencia una enrevesada sinonimia para designar a un pez único. He reducido estas posibilidades a una serie de esquemas aritméticos que pueden orientarnos desde el doble campo de la biología y la lengua. Los resultados podrán ser útiles para la terminología «oficial», puesto que establecerán orden en campos que se presentan vacilantes. Séptimo principio: selección de la terminología tratando de evitar confusiones y resolviendo cada problema con independencia.

La nomenclatura oficial de los animales marinos era exigencia que había que atender. Pero tratándose de *nomenclatura* la tarea que debía llevarse a cabo era sustancialmente lingüística; por eso eran los lingüistas quienes más tenían que decir a la hora de dar dignidad nacional a cualquiera de los términos locales que hasta ahora se venían usando. El no haberlo hecho ha significado un serio tropiezo en un campo necesitado, más que cualquier otro, de rigor y de claridad. Para desenmarañar una enrevesada terminología es preciso intentar poner en orden la nomenclatura vulgar y éste era un quehacer doblemente lingüístico, porque partiendo de un objeto real (el ser marino) tenía que obtenerse su designación (palabras y cosas perfectamente definibles en su doble condición de *realia* y semantemas); una vez inventariadas las formas vulgares, era preciso elegir un solo término que las representara (resultados que entran dentro de la onomasiología). Éstos son los métodos de trabajo que practica la geografía lingüística desde hace muchos años, y, sobre todo, desde que Jud y Jaberg dieron nueva dimensión a las ideas de Gilliéron: vinculación de los conceptos con las voces que los designan y ordenación sistemática sobre el terreno de los significantes lingüísticos.

De una u otra forma este doble principio era necesario antes de llevar a cabo la definitiva nominación y, hasta cierto punto, algo de ello se ha hecho en la *NOE:* cada palabra va acompañada del objeto al que designa y las formas vulgares de cada término se distribuyen sobre unas parcelas de nuestro territorio, acotadas convenientemente en la enumeración. Pero al dar un paso tan decisivo como éste, no se podía proceder por intuiciones más o menos logradas, sino que era preciso tener en cuenta todo lo que la lingüística y su hijuela la geografía lingüística podían aportar para lograr unos resultados válidos.

Porque, y queda dicho anteriormente, el problema de facilitar la nomenclatura oficial de los seres marinos no es una cuestión que nos ataña únicamente a nosotros. En todas partes se suscitan necesidades parejas y los resultados buenos o malos de otros sitios podrán servirnos de experiencia a todos nosotros.

La lingüística debió informar los criterios a seguir, pues de otro modo lo que se haga será fruto del capricho. En el momento mismo de hablar de nomenclatura «oficial» era necesario saber qué significaba esta palabra; más aún, qué quiere decir en un país como España donde existen cuatro lenguas (vasco, castellano, gallego y catalán), pero una sola «oficial». Había, pues, que buscar los términos de esa lengua oficial para ser coherentes con lo que se pretende. Claro que el problema se acrecienta si tenemos en cuenta que Castilla no tiene costas sino en su periferia, y esta periferia (Santander, Andalucía, Murcia) es dialectal. Porque lo que hoy llamamos Asturias, amén de su dialectalismo, pertenece al dominio lingüístico leonés. Lógicamente, los nombres «oficiales» de nuestros seres marinos tendrán que ser de esas Castillas marginales, y esto planteará el problema de buscar objetivamente lo que sea más castellano, dentro de las limitaciones a que me voy a referir. Pero, en este hacinamiento de peros, la *NOE* no ha considerado a Murcia, con lo que se cercenaba una voz regional que hubiera tenido algo qué decir. Y no se objete que en las listas consta *Levante*, porque Levante no es decir nada para un intento de caracterización lingüística. Y no se me arguya con disparates ajenos: la *FAO* en una terminología mediterránea se ha olvidado —nada menos— que de todo el inmenso dominio catalán, desde Alguer hasta Valencia, desde Salses a Santa Pola. Frente a estos más de mil kilómetros de costa y más de cinco millones de hablantes, se incluyen dominios tan exiguos como el maltés. Toda exégesis eludo.

Los principios de geografía lingüística que he enumerado a lo largo de estas páginas han servido para aclarar y resolver numerosas cuestiones, a la vez que ayudan a ver cómo un sencillo esquematismo no hace sino sacrificar una diversidad muy rica y variada. Siquiera sea brevemente voy a resumir lo que ha quedado expuesto. Volveré a enumerar los siete principios analizados:

1.º Siendo una nomenclatura castellana, deben ser excluidos los términos no castellanos cuando no hayan sido admitidos en la lengua común (vid. *chucla, escupiña grabada, llampuga, musola, raó, rémol, santiaguiño, vieira,* como términos sustituibles; *berberecho, mejillón, nécora, zamburiña,* como palabras con carta de naturaleza en todos los sitios). Mucho más absurdo resulta aceptar extranjerismos *(galupe, lanzón, merlán, eglefino)* para términos que tienen su correspondencia en las otras lenguas peninsulares.

2.º Para evitar el capricho, el término más difundido debe ser el que acceda a la nomenclatura oficial. Esto obliga a establecer unas regiones lingüísticas muy claramente señaladas, y dentro de ellas ver con qué criterio ha escogido sus preferencias la *NOE*. Entonces sorprendemos que la arbitrariedad ha presidido el quehacer, porque, no teniendo un criterio geográfico firme, mal se puede saber qué está más o menos extendido. No obstante si nos atenemos a la localización geográfica de los términos, según los datos de la *NOE*, resulta que no son exclusivamente regionales las palabras que en ella aparecen como tales. Así *cherna* no es vascongada ni *espadín* y *pota* santanderinos, ni *breca* y *rodaballo* cantábricos, sino que todos tienen una geografía ignorada por la *NOE*. En esta preferencia por un término regional, Andalucía se ha llevado la parte del león, más aún si incorporamos sus coincidencias con Canarias. Poco es lo que específicamente canario aparece en la *NOE;* lógicamente lo son aquellas especies ignoradas en la Península. Menos aún lo que se considera sahariano, pues los términos dados como tales, ninguno es —sólo— de las costas africanas. Si la exactitud geográfica y, por ende, la precisión en la localización de las voces, hubiera evitado el capricho de elegir como oficial lo que carece de difusión, nunca se debieran registrar como términos para la lengua común los que, según la *NOE* no existen en ninguna parte. El absurdo es inconsistente: con mis encuestas he podido localizar *albacora, cinta, chaparrudo, chopito, galupe, galludo, maragota, pargo, pez de San Pedro, pintarroja, salema, serrano*, y, como antes, también ahora son las designaciones andaluzas las que han tenido la preferencia de los autores de la *NOE*.

3.º Cuando varias especies se designan con un solo nombre, he podido aplicar unos principios de homonimia lingüística que evitan la confusión de seres marinos, sobre todo cuando pertenecen a familias muy diferentes y tienen localizaciones geográficas no contiguas. En esto, la *NOE* ha tenido el acierto de no elegir casi nunca cualquier término que pudiera entrar en colisión homonímica; criterio razonable, por cuanto evitará las posibilidades de error.

4.º La recogida de materiales para la futura nomenclatura debe hacerse *in situ*, por un explorador competente, ayudado por conocedores de la terminología buscada y con los principios metodológicos que se usan en las encuestas dialectales. Sólo así se obtendrá un léxico real (esto es, existente en algún sitio), fidedigno (respaldado por unos principios que dan garantía a la documentación) y completo (para evitar la subjetividad en la selección). Por otra parte, y teniendo en cuenta los fines de la nomenclatura oficial, deben darse las equivalencias extranjeras de los términos españoles con el mismo cuidado con que éstos se seleccionan: exactitud en la nomenclatura y respeto a las normas lingüísticas de cada país.

5.º Trabajos de este tipo deben franquear el escollo de los desajustes: los fines del biólogo discrepan de los populares. Se impone, entonces, un doble fin: reducir las clasificaciones del naturalista a sólo aquello que es diferenciado por el pescador y comprobar dentro de qué zonas se producen las restricciones. De otro modo, no en todas partes vale la simplificación de matices que la gente de la mar hace de lo que el ictiólogo clasifica. Así, por ejemplo, *ráyidos* y *tríglidos* son drásticamente reducidos en la nomenclatura canaria; mientras que se distingue con mucha mayor finura en las costas meridionales de la Península. Por otra parte, no se puede generalizar la especie simplificadora, pues —de espaldas a la realidad— se pueden cometer numerosos yerros: tal es el caso de la *NOE* al agrupar bajo un solo nombre a todas las clases de *lisas*.

6.º La geografía lingüística ha mostrado cómo es necesario publicar exhaustivamente los materiales recogidos. Principio de totalidad que debiera tenerse en cuenta en una nomenclatura oficial. La selección de los datos allegados es siempre parcial; por otra parte, la idea de totalidad debe extenderse al número de los seres descritos, pues de otro modo el subjetivismo habrá llegado a la selección de unas especies y a la no inclusión de otras, con lo que la nomenclatura dejará de cumplir esos fines que en ella buscamos: nombrar a todos los seres marinos para nuestro entendimiento, fijar las bases para poderla comparar con la nomenclatura de otros países.

7.º La claridad de la terminología es imprescindible para que la nomenclatura sea válida. El nombre oficial debe ser —sólo— uno e inequívoco. También ahora es útil tener en cuenta la situación de la geografía lingüística ante los hechos de onomasiología. No se pueden unir dos seres bajo un mismo nombre porque los datos lingüísticos serán heterogéneos y no aptos para la caracterización (confusiones en los *galludos* y *musolas)*, ni cabe designar a dos especies con un nombre compuesto (una cosa es la *tintorera* y otra el *marrajo)*, ni se debe proponer dualidad significativa en una selección léxica que pretende alcanzar la consideración de norma *(chula* y *caramel* son peces distintos; si no hay otro *besugo*, sobra decir o *besugo del norte;* para la *Raja bramii* basta con uno de los nombres que se dan).

Vemos, pues, que biología y lingüística por distintas que sean sus áreas de investigación, han venido a coincidir en un campo, y de no escasa importancia. Se trataba, ni más ni menos, que de establecer el criterio oficial para designar a los seres marinos de nuestra patria; esto es, fijar una norma lingüística que valiera como nomenclatura fija y estable en un conjunto de léxico sumamente deslizante. Pero esto es lingüística y no biología. Son los lingüistas quienes deben fijar los criterios de «normalidad» para deducir de ellos los de «oficialidad». Y sólo los lingüistas están capacitados para hacerlo. No tenerlos en cuenta es tan absurdo como pretender que un dialectólogo clasifique las especies biológicas. El trabajo se ha llevado a cabo por un oceanógrafo y dos biólogos, cuya competencia no puede trascender de lo que es específico de su carrera. La falta de un asesoramiento lingüístico ha conducido a todos los yerros que he denunciado a lo largo de estas páginas. La voz de alarma era necesario darla porque la «nomenclatura oficial» tenía que hacerse y su urgencia era bien sentida: sólo así se explica que el libro se haya agotado con suma rapidez. Voz de alarma que sale en defensa de nuestra lengua, maltratada continuamente por la pasividad que pretende ser «oficial». Al hacer una nomenclatura oficial con tanto elemento disperso, se estaban seleccionando algunos que valieran por todos y esos algunos, además, deberían tener prestigio ante todos. Tarea difícil y no exenta de riesgos. También Alejandro hizo con elementos populares una lengua para entendimiento de todos los griegos *(koiné)* y, gracias a su acierto, se pudo crear una lengua culta. Ahora, con esas palabras vulgares se ha pretendido crear la *koiné* de una pequeña parcela del español; no debió olvidarse el buen criterio para que los términos elegidos fueran los mejores. Quiero repetir algo evidente: nomenclatura es un hecho de lengua; oficial, de una lengua nacional; española, de una comunidad concreta. Y nada de eso se ha entendido [5].

---

[5] Cfr. mi largo estudio *Ictionimia y geografía lingüística (RFE,* LIII, 1970, págs. 155-224).

LA COMPARACIÓN DE LOS MAPAS CONFIRMA LOS PRINCIPIOS METODOLÓGICOS

En las págs. 99-103 he señalado qué fines guiaban a Dauzat cuando proyectó los Atlas regionales de Francia: salvar los últimos restos de los dialectos franceses, conocer la evolución de las hablas rurales a lo largo de medio siglo y mejorar la obra de Gilliéron. En muchos casos, el primero y el último de estos presupuestos no eran sino una sola cosa.

En 1908, Karl Jaberg publicó un breve y sustancioso opúsculo [1], cuyos catorce mapas planteaban una problemática de la que todavía dependemos. El poseer esos mapas interpretados nos permite —en busca de una total objetividad— compararlos con los materiales de los Atlas regionales, por más que nuestras pretensiones se vean muy mermadas, ya que el *NALF* no ha incluido en sus diversos cuestionarios todas las preguntas de Gilliéron. La falta de estas preguntas y la carencia de algunos Atlas regionales impiden comprobar los procesos que Jaberg señalaba en su folleto (progresión del francés siguiendo las grandes vías de comunicación, irradiación desde los centros urbanos más importantes conforme a la norma parisina); sin

---

[1] *Sprachgeographie. Beitrag zum Verstädnis des «Atlas Linguistique de la France».* Aarau, 1908. Traducido al español por A. Llorente y M. Alvar, *Geografía lingüística. Ensayo de interpretación del «Atlas Lingüístico de Francia».* «Colección Filológica», XIV. Universidad de Granada, 1959.

embargo, es fácil ver algunos de los principios metodológicos que se indican en las páginas anteriores o que de ellas se desprenden.

1) Así el *ALPO* 237 muestra una variedad de formas de las que el *ALF* no tiene conciencia[2]. Frente al tipo unitario derivado de c a l e r e aparecen numerosos islotes de t e n e r e que se difunden a ambos lados de la frontera pirenaica y que deben explicarse como castellanismos del catalán, lo mismo que los continuadores de h a b e r e, ignorados por el *ALF*, ya que están sólo en territorio español. Del mismo modo habría que interpretar la aparición del vasco *balits* en el mapa *il était* (*ALF* 510-511), reducido en la obra de Gilliéron a recoger las formas románicas (vid. las ilustraciones 16-17).

2) La persistencia de dialectalismos, ignorados en el *ALF*, aparecen en algún raro caso en el departamento de los Altos Pirineos (*ALF* 750, *ALG* 1081)[3], donde aún se mantiene el heredero del latín c u n i c u l u como en otras áreas marginales de Francia, en catalán y en castellano y aragonés[4] o en los derivados de b r a c a e en Ariège[5] (gráfico 18).

3) Si como se ha dicho (vid. pág. 151 n. 18), Edmont en algún caso no hizo sino «dialectalizar» el francés, pero sin recoger las hablas locales, no nos extraña que alguno de nuestros mapas presente, en mayor o menor grado, la «desfrancesización» de los dialectos. Esto puede verse en los mapas *blaireau*[6], *établi*[7] y *était*[8]: así en Ardèche, Dordogne, Gironde y Landes

2 La cuestión falta en el *ALL* y en el *ALG;* en el *ALMC* tiene el número 1897.

3 La pregunta no está en *ALL, ALMC* y *ALPO.*

4 Haría falta conocer la presencia de *cunill* en el catalán de Francia, su vitalidad no puede inferirse con el *ALC,* ya que la voz no se preguntó; mientras que en el *ALPO* (número 384: *femme nue)* los derivados sólo aparecen en territorio español *(cuníye).*

5 Vid. *ALG* 641, *ALL* 1121 *(le pantalon), ALMC* 1377 (id.) y *ALPO* 178.

6 *ALG* 14, *ALL* 542, *ALMC* 368.

7 Sólo aparece en *ALMC* 1731

8 *ALG* 944, *ALL* 1270, *ALMC* 1888, *ALPO* 230.

el antiguo t a x o ha ocupado puntos que en el *ALF* (134) eran de *blaireau* o es Averyron se ha reducido el área de *rabas* (ilustraciones 19 y 20); en Ardèche y Cantal ha desaparecido el término importado *establi*, mientras que se extiende el patrimonial *ban(c)* e incluso surge *tullé*, nunca recogido en el departamento de Cantal (vid. núms. 21-22); también en el mapa *il était*, la cuña de penetración francesa que, desde Burdeos seguía el curso del Garona, ahora parece ser menos homogénea de lo que podría inferirse del mapa IX de Jaberg (gráficos 23 y 24).

4) La extensión de tipos nuevos, virtualmente ignorados en el *ALF* (vid. punto 1) es ostensible en el *ALG* y en el *ALPO*, donde las tímidas muestras de *pantalon* en el occidente del Midi son ahora una zona compacta en Gascuña y una variada salpicadura en lós Pirineos Orientales. Teniendo en cuenta que estas formas se oponen al francés oficial *culotte* o a los derivados de c a l c e a, habrá que pensar que la difusión de *pantalon* debe tener apoyo en el español (vid. ilustraciones 25 y 26).

La comparación de los mapas del *ALF* y los nuevos Atlas regionales, en muchos casos, no dan resultados espectaculares [9]. En Cantal y Aveyron, las fronteras de las dos lenguas parecen estables, pues el punto de Lozère que tiene *k-* (*cale*) y no *ch-*, en la frontera con Aveyron se explica por la mayor densidad de puntos estudiados en el *NALF;* lo mismo que la aparición de *fo* (*il faut*) en Ardèche, en una zona ignorada por el *ALF*, pero en contacto con el departamento de Drôme, lo que hace desaparecer toda extrañeza.

Los Atlas regionales franceses han servido para mostrar la variedad local del léxico (§ 1) frente a la uniformidad del *ALF*, la persistencia de dialectalismos, el carácter autóctono y no contaminado de ciertas voces o la extensión de algunos neolo-

---

[9] Prescindo del mapa V de la *Sprachgeographie* (*ALF* 1237, *ALL* 826, *ALMC* 1347, *ALPO* 495) porque el cotejo ha sido asignificativo.

gismos. Es decir, algo que se preveía por las críticas hechas a las encuestas de Edmont y que, desde un plano teórico, parecía verosímil. Ahora, el cotejo de estos mapas ha permitido observar desde cerca los resultados de dos tipos de encuesta, que se orientan hacia blancos diferentes.

En la Península Ibérica, la publicación de 75 mapas del *ALPI* brinda la posibilidad de cotejar algunos materiales suyos con otros del *ALEA*. Creo que se podrá ejemplificar con claridad lo que vengo diciendo: el mapa 22 del *ALPI* ofrece en Andalucía una monótona regularidad (vid. ilustración 27 de este trabajo): *azá* o su variante fonética *(asá)* se extiende por doquier; cuatro puntos atestiguan *azaón* (o *asaón)* y tres el diminutivo *zoleta.* Para la geografía lingüística, estas formas se distribuyen sin permitir extraer unas conclusiones muy seguras: *azá* es el término general, *azaón* puede ser el propio de la campiña sevillana; *zoleta* debe extenderse por algunas regiones meridionales de Málaga y Cádiz, pero en coexistencia con *azá.* Como en el *ALPI* no hay ni una sola nota, ignoramos si *zoleta* es sinónimo de *azá* o no lo es; tampoco sabemos si *azaón* y *zoleta* representan distintos tipos de azada.

Veamos ahora los datos que facilita el Atlas de la región: el mapa 95 da las denominaciones de la *azada;* el 96, las del *azadón;* el 97, la distribución de los tipos de *azadón,* y parte de la lámina 97 recoge las formas de ambos instrumentos. Mi gráfico 28 sirve para comparar los mapas del *ALEA* con los del Atlas peninsular.

Dejando aparte la probable confusión de *azada* con *azadón* que registraron los exploradores del *ALPI* en un par de pueblos sevillanos [10], y dejando también la aparición de formas

---

[10] Para Cáceres se pueden comparar los puntos del *ALPI* con el mapa de la pág. 204 de los *Arcaísmos dialectales* de A. M. Espinosa (Madrid, 1935). En cuanto a lo que digo para Aragón, vid. M. Gargallo, *El habla de Tarazona.* En prensa, por la Institución Fernando el Católico, de Zaragoza.

con *d* (*azada, azadón*) que nosotros hemos recogido, el *ALEA* permite perfilar muchos de los informes del *ALPI*.

Por ejemplo, *zoleta* es, efectivamente, 'azada' en bastantes sitios, pero en otros es la 'azada de pala estrecha' (Se 302), la 'azada grande' (Ca 201) o la 'azada pequeña' (Ma 302); sabemos también que la *azá* es una herramienta de tipo comercial introducida recientemente (H 602, Ma 401); conocemos los diversos tipos de azada según se empleen para cavar los regadíos, para cavar olivos y almendros, para hacer los hoyos de los olivos, o según sea su estructura, ya que la 'azada con un mango curvo de hierro en el que se introduce el astil' se llama *legón* en buena parte de Almería. Es decir, las palabras están condicionadas por la naturaleza de las cosas. No es bastante argüir que el mapa del *ALPI* es sólo fonético, porque hay que atender a toda la circunstancia de una voz para no obtener una imagen falsa.

Aparte estas precisiones en lo que el Atlas peninsular ha recogido, puedo añadir que los derivados de a s c i a (t a) se multiplican en otras variantes fonéticas como *azaílla* (o *asaílla*), *azaoncillo, zoletón, anzá* desconocidas en el *ALPI*.

Gracias a la densidad de nuestra red hemos descubierto en Huelva el área de *cavadera;* en Almería, la de *legón;* en el centro de Andalucía la de *legona;* en el sureste de Málaga, la de *chapulina* y, en general, algunas formas que atañen a precisiones conceptuales como *asá argabeña*, 'azada grande'; *sacho,* 'azada de pala estrecha'; *charrúa*, 'azada mayor que la *legona* y menor que la *asá*', o denominaciones de escasa difusión, como *hachuela* o *zapa*. La aparición de voces como *escardillo, -a, -ón* no son erróneas transcripciones, sino que obedecen a otros hechos: se trata de un reajuste de vocabulario en pueblos donde *escardillón* es 'azada' y *escardillo* el propio 'escardillo' (Ca 202, Ca 203, Ma 102), donde el *escardillo* es la 'azada' y el 'escardillo' se llama *amocafre* (Ma 102, Gr 305, Gr 302) o *amon-*

caje (Gr 301)[11], o donde no se distingue entre 'azada' y 'escardillo' (Ma 302). Naturalmente, todas estas interferencias de 'escardillo' y 'azada' se han motivado por la naturaleza misma de los objetos: una azada pequeña puede usarse a guisa de escardillo y un escardillo grande puede servir de azada.

Este simple comentario me parece bastante ilustrativo: un Atlas de un gran dominio debe tener una red muy clara para que sea abarcable, pero entonces pierde en precisión. El Atlas regional adensa la cuadrícula y recoge *(cavadera, legón, legona, zapa,* etc.) muchas formas que se zafaron de la primera lanzada. Por otra parte, el Atlas nacional debe buscar el léxico más común *(azada,* número 89 del cuaderno I), pero no puede llegar al de especialización mayor *(azadón, tipos de azada).* He aquí bien claras las respectivas misiones de los Atlas de grandes o pequeños dominios, la razón de su coexistencia y la necesidad de definirse por uno u otro cuando se trata de comenzar una tarea[12].

El mapa de la *abeja (ALPI* 6, *ALEA* 624) vuelve a suscitar alguno de los viejos temas de Gilliéron: las formas de resolver la homonimia. O v i c u l a y a p i c u l a en Andalucía, como en Francia, han llegado a coincidir, pero mientras el mapa del gran dominio apenas si constata otra cosa que la confusión de *abeja-oveja* (mapa 29 de este trabajo), el *ALEA* nos hace vivir la vida dramática de las palabras. El mapa 6 del *ALPI* difícilmente nos da idea de la repartición geográfica de las formas, en tanto mi mapa 624 (30 en estas páginas) hace ver el total

---

[11] Con el *ALPI* difiero totalmente en el modo de hacer las encuestas, tal y como las describió L. F. Lindley Cintra en sus *Enquêtes au Portugal pour l'Atlas Linguistique de la Péninsule Ibérique.* «Orbis», III, 1954, página 418. Y difiero también en la forma de presentar los materiales: ni una sola nota en un tomo de fonética —y harían falta muchísimas—, tal y como se hizo en el *ALF* y *ALC* y fue criticado por Jaberg al reseñar la obra de Griera («Romania», L, pág. 10 de la separata).

[12] Según nuestros datos, en esa región se distingue entre *azá* y *azaón.*

predominio de *abeja* en la Andalucía oriental y la frecuencia de *oveja* en la central. Pero lo más importante es saber cómo se resuelven las enojosas confusiones: a pesar de ser un problema estrictamente fonético, el *ALPI* no ha percibido ni una sola caracterización. Veamos qué informes facilita el *ALEA*. Para distinguir dos bichos muy frecuentes, pero totalmente distintos, aunque reciban el mismo nombre, se recurre a varios procedimientos:

1.º Mantener equívocamente la designación (como ocurre en pueblos del este de Sevilla, del sur de Córdoba, del norte de Málaga, etc.).

2.º Crear una denominación fundada en el tamaño: *oveja* 'Ovis aries L.', *ovejita* 'Apis mellifica L.' (un pueblo de Huelva, varios malagueños).

3.º Basar la distinción en la utilidad que reportan: *oveja* (u *ovejita) de la miel*, 'abeja' (puntos aislados de Sevilla, Cádiz, Málaga, Córdoba, Jaén y Granada).

4.º Perder *oveja* como 'Ovis' sustituida por *borrega* (vid. mapa 31, número 517 del *ALEA*), en las zonas donde *oveja* es 'Apis'.

5.º Adaptar *avispa/ovispa* al contenido semántico de 'abeja'.

Salvando todas las diferencias que el caso exige, el andaluz *ovejita* es paralelo al francés *mouchette*, en la misma medida que *oveja de la miel* lo es de *mouche à miel*[13]. Paralelo en cuanto a la forma de resolver la homonimia, ya que las causas que han abocado a ella son distintas: debilidad fonética en la voz francesa, interferencia léxica en la andaluza.

La aparición de *avispa* en los comentarios anteriores nos trae de la mano a la consideración de los mapas 19 del *ALPI* y 625 del *ALEA* (mapas 32-33 de este trabajo).

---

[13] Me limito a indicaciones muy someras; haría falta estudiar detenidamente los mapas 33 y 34 del *ALEA*, lo que significaría tanto como hacer una monografía especial.

Del *ALPI* hay que eliminar los derivados de s u b t e r r á-
n e a, pues en la región en que se localizan las gentes distin-
guen entre la avispa común *(Vespa vulgaris* L.) y la avispa terrera *(Vespa cabro* L.). El *ALEA* ha podido profundizar más en
el léxico rural (cfr. mapa 34): y al formular dos cuestiones diferentes *(avispa* y *avispa terrera)* ilustra algún aspecto indife-
renciado del *ALPI* y, otra vez, ha encontrado veneros ignorados:
especificaciones de avispa *(borde, carnicera, de horno, avispón)*,
áreas de *terrera, terrizo, -a,* zona de *careto* [14]. Si volvemos a los
mapas 19 *(ALPI)* y 625 *(ALEA)* encontramos una vez más la
aclaración de la geografía lingüística, sólo apuntada en el Atlas
nacional [15]: *avispa* ocupa la Andalucía oriental y el norte de Córdoba; *obispa* predomina en la occidental; mientras que en la
central (y esto sí se podía deducir de los materiales del *ALPI)*
hay *tabarro, tábarro* y *tabarr(er)a* [16].

---

[14] Vid. A. Dauzat, *La géopraphie linguistique* (1949), pág. 27; P. Gardette, *Le troisième volume d l'Atlas Linguistique et Ethnographique du
Lyonnais.* «Bulletin Inst. Ling. Romane de Lyon», II, 1956, pág. 8, especialmente.

[15] Trato estos problemas más circunstanciadamente en mi libro iné-
dito *Estructura del léxico andaluz.* De momento puede verse el anticipo
que hice en el «Boletín de Filología de la Universidad de Chile», XVI,
1964, págs. 5-12.

[16] En el *ALEA* hay otro mapa ilustrativo: el de *avispero* (número 631).

NUEVAS CONSIDERACIONES METODOLÓGICAS: EL GALLEGO EN EL *ALPI*

En el desarrollo de la geografía lingüística, Galicia ha contado en diversos proyectos. Cincuenta y dos localidades de la región fueron incluidas en el *ALPI* [1] y estos datos son —hoy por hoy— los que permiten, a pesar de la pobreza de los materiales publicados, hablar de una geografía lingüística regional. Disponemos —sólo— de 75 mapas: material exiguo si pretendemos llevar a cabo alguna investigación coherente, pero de los que podemos sacar alguna información de cara al futuro.

He dicho en páginas anteriores que ha pasado la época de los grandes Atlas nacionales. Afirmación que —para mí— cada vez se hace de evidencia más clara, aunque creo en la posibilidad de otro tipo de Atlas para un gran dominio. Un Atlas nacional, de gran dominio o como queramos llamarlo, plantea unos problemas distintos que los Atlas regionales. ¿Qué significará la personalidad diferenciadora de Galicia en un Atlas que llegue hasta el Algarve? ¿Qué podrá decir en el conjunto de todas las lenguas de Europa? Cierto que su presencia es absolutamente imprescindible, pero, no menos cierto, conforme trabajamos en macrodominios vamos sacrificando lo

---

[1] Distribuidas así: 15 de La Coruña, 13 de Lugo, 11 de Orense y 13 de Pontevedra.

estrictamente peculiar: de otro modo, no cabría hacer comparaciones.

Esto se ve muy bien en el único Atlas que poseemos. En el *ALPI*, Galicia está representada de una manera digna. Ahora bien, tan pronto como pretendamos estudiar su realidad intrínseca, no tanto la de contraste con las otras regiones peninsulares, veremos cuán insatisfactorios son los resultados. Entonces echamos en falta ese Atlas regional que —solidario de los otros Atlas regionales— debería colaborar en la gran tarea de la geografía lingüística Ibero-románica, pero afinando los instrumentos de trabajo que exige el conocimiento de la propia Galicia.

Un atlas lingüístico —se ha dicho mil veces— nos da la visión inmediata y simultánea de los problemas. Esto se puede comprobar con un repertorio como el *ALPI*, donde se recogen —hasta este momento— 75 mapas de valor muy heterogéneo. Tal vez en ellos resulte espectacular la distribución de áreas léxicas (o de fenómenos hoy lexicalizados) del tipo de los que oponen los *aceiro, aire, chincha* o *chínchara, cincha, cuitelo, (d)espido* 'desnudo' de Galicia a los *aço* (mapa 9), *are* (14), *percevejo* (45), *silla* (46), *faca* (58), *(i)nu* (66)[2] y *dívedes* (67) de Portugal. Del mismo modo, rasgos fonéticos muy diferenciados vienen a establecer una clara oposición entre las dos áreas del dominio. No me ocupo ahora de la oposición -*s*- sorda (gallego) ∽ -*z*- sonora (portugués) de la que hablaré inmediatamente, sino de otros fenómenos como la infijación nasal que separa dos variedades *(inšada* en el norte de Portugal[3]; *aišada* en Galicia, mapa 22), la igualación $l = r$ en el grupo *bl-* inicial *(branco,* en portugués; *blanco,* en gallego)[4];

---

2 *(d)espido* también en portugués, pero lo que ahora resulta importante es que *nu* jamás se documenta en gallego.

3 Hablo siempre ·de esta región porque —en contigüidad geográfica con Galicia— es la que suscitará el comparatismo más eficaz.

4 La frecuencia de *blanco* (mapa 25) es abrumadora en Galicia; los

la -*l*- velar intervocálica con que en portugués se pronuncian *cabalo* (mapa 29) o *castelo* (37), frente a la alveolar gallega, la anaptixis vocálica en *quelina, quilina* 'crin' que se practica en portugués y que —rarísima en gallego— sólo aparece un punto, el 149, próximo a la raya fronteriza (mapa 53). También el mapa 56 *(cuatro)* opone el gallego *catro* al portugués *cuatro*, pues los escasos testimonios de *kw*- en nuestra región dudo que se puedan explicar como lusismos; desde luego no, los de la provincia de Lugo que procederán de las hablas castellanas .o leonesas (gráfico 40).

Del mismo modo, la situación actual de los dialectos internos del gallego obtendría una ilustración que hoy por hoy únicamente podemos apuntar, o recurrir a monografías, cuando existen. Según el *ALPI* la geada [5] sólo se da en tierras de Galicia, pero aun en ellas la distribución geográfica dista mucho de ser uniforme en todos los mapas considerados; una vez más, la vieja aseveración de los romanistas: cada palabra tiene su propia historia. En efecto, el mapa 10 *(agua)* nos da una extensión del fenómeno por las provincias de La Coruña (virtualmente toda la superficie), Orense (mitad occidental) y Pontevedra (entera). En Lugo sólo hay algún punto aislado. Sin embargo, los mapas 11 *(aguijón)* y 12 *(agulla)* ofrecen una distribución diferente. Aún se complicaría más la cosa al encontrar la escasez de testimonios con *x* en palabras como *domingos* (mapa 72), sólo recogida al norte de La Coruña y en algún punto de Lugo (vid. gráfico 41).

En el propio *ALPI*, el área del seseo se limita a las zonas occidentales de La Coruña y de Pontevedra [6], pero puede ver-

---

casos de *br*- son interiores —no fronterizos— en la región. No coinciden los hechos de manera literal en el caso de *clavo* (48), pero se ve bien que la distribución de *br*- en Galicia es ajena al hecho portugués (vid. gráfico 39).

[5] Cfr. A. Zamora, *La frontera de la geada* («Hom. Krüger», I, 1952, 57-72).

[6] Mapa 27 *(brazo)*. El fenómeno se puede seguir en los mapas 30

se que el fonema en posición final alcanza unas neutralizaciones que modifican la geografía del rasgo, pues abunda la -*s* en *cruz* (54), *diez* (70), dentro de áreas distinguidoras (gráfico 43)[7]. Por otra parte, la no oposición *s ∽ ce*, hace que todo el norte portugués se enfrente —desde un punto de vista fonético— a la dualidad gallega *e*, incluso, que la distinción fonológica puede enriquecerse con un rasgo más: la existencia de sonoras en portugués, que el gallego desconoce. Pero esto afecta a un nuevo problema: en nuestra región podrá oírse *cociña* o *cosiña*, mientras que en portugués sólo *coziña* (con *s* sonora). Resulta entonces que el gallego opone una realización *s* o *ce* a la portuguesa, pero ambas se caracterizan por su sordez. Hay que ver el conjunto de las cuestiones: frente a Portugal con su -*s*- sonora intervocálica, toda Galicia tiene -*s*- sorda (mapas 18, *asa;* 38, *causa,* y, añadamos, *couce* 51, y *doce,* 71).

La alternancia *oi / ui,* que el *ALPI* atestigua de una manera poco clara, deberá estudiarse con mayor precisión. Pues si bien es cierto que *coitelo* (58) ocupa una franja central en los límites de La Coruña y Pontevedra, con salpicaduras dispersas por Lugo (gráfico 44), no es menos cierto que *coiro* es general, frente a los *cuiro* de la costa centro-meridional de La Coruña y *couro* de alguna localidad pontevedresa[8].

Son escasos los materiales que el *ALPI* suministra sobre el paso de -*ng*- a -*nk*-, ya que el mapa 72 *(los domingos)* reduce la situación a una buena parte de Pontevedra y a un solo punto de La Coruña, pero —sin embargo— la extensión en esta provincia debe ser mucho mayor, al menos en el litoral,

---

(cabeza), 39 *(cazador),* 40 *(cazuela),* 43 *(cereza),* 47 *(cinco),* 49 *(cocina),* 62 *(decirlo)* y 71 *(doce),* cfr. gráfico 42.

[7] Vid. A. Zamora, *Geografía del seseo gallego* («Filología», III, 1951).

[8] Cfr. A. Zamora, *Los grupos* -uit, -oit *en gallego moderno. Su repartición geográfica (BFil,* XXI, 1962-1963, págs. 57-68).

según he recogido en mis encuestas con pescadores de las áreas de Noya, Finisterre y Riveira.

Los pocos materiales publicados en el *ALPI* permiten ver —sin embargo— la posibilidad de identificar —dentro de Galicia— alguna zona de innovación lingüística. El mapa 19 *(avispa)* manifiesta cómo *vésposa* o *(a)vespa* son sustituidos por *nespra* en el centro-occidente de la misma provincia. He aquí enumeradas unas cuantas cuestiones obtenidas de un Atlas general. Los materiales publicados no permiten muchas cosas y aun éstas distribuidas de manera harto heterogénea, ya que si para el seseo disponemos nada menos que de nueve mapas, los otros fenómenos sólo pueden ser estudiados en uno o dos. Por otra parte, la publicación de los materiales alfabéticamente nos deja —todavía— numerosas parcelas en penumbra.

Pero de lo que poseemos deducimos nuevas necesidades de investigación: cada uno de esos problemas apuntados, que no resueltos, exigen una rebusca en áreas de isoglosas, en la caracterización del gallego frente al portugués, en la complejidad de las hablas internas del gallego, etc. Nada de ello se podrá aclarar con el *ALEPG* ni con el *ALE*, como no se puede llegar más lejos con el *ALPI*. Pero la misión de estas grandes obras se habrá cumplido: la llamada de atención está hecha y es ahora la investigación sobre el pequeño dominio la que deberá agotar cada una de esas posibilidades.

Gallego y portugués, dialectos internos, son fenómenos de lingüística homogénea. Pero la historia peninsular de Galicia fuerza a otra serie de consideraciones de adstrato, lenguas en contacto, sociología lingüística, etc. Es decir, a problemas de lingüística institucional. También el *ALPI* puede darnos ahora una información previa.

Las relaciones con el castellano muestran la penetración de la lengua oficial que —a veces— ha destruido la uniformidad del dominio. Tal ocurre en el mapa 8: *avô* sólo aparece de manera asistemática, pues Galicia está ocupada por formas como *avolo* [9] y *abuelo*, que han roto la situación antigua (gráfico 45). Otro tanto cabría decir de *cana*, forma única del portugués, que hoy está muy constreñida en nuestra región y que —incluso— al aceptar derivados, los toma de dialectos centrales: *canaveira* es un falso galleguismo por *canavera* (< VERA) o, como en asturiano, *cañavera*, y, desde él, se explican *canavela* o *canivela* (cuatro puntos en total, mapa 35). La misma situación —áreas en trance de destrucción— presentan los mapas 37, 41, 44 ó 74, pues *castillo, cešas, cerrollo, cerrojo* o *dulce* denuncian bien a las claras su origen. En efecto, frente a *castelo, sobra(n)sellas* [10], *ferrollo* [11] o *dose*, la lengua oficial va imponiendo su norma. No ocurre de manera distinta al encontrarnos mapas como el de *abrevadero* (7) —muy incompleto— donde *pía, pío*, coincidentes con el portugués, sólo se oyen ya en La Coruña y occidente de Lugo; como el de *agujón* (11), *ferrón, ferrete, ferrote* reemplazados por *aguillón, agu-* [12] en toda la provincia de Lugo, seis puntos de Orense, seis de Pontevedra y 9 de La Coruña, o como el de *ayunar* (21), donde *jejuar* o cualquier otra forma con J- inicial conservada ha sido sustituida por *ayunar* o *aunar*, castellanismos evidentes. También son muy incompletos los materiales allegados en el mapa 65 *(desbocado)*, aunque la sustitución del léxico patrimonial por el castellano ha debido ser doble: tanto por la aparición de *desbocado*, cuanto por la de *desenfrenado*, con su -*n*- conservada, frente al *desenfreado* de las hablas portuguesas.

---

9 No gallega por su -*l*-, aunque se recoja en gallego-asturiano.

10 En el mapa 41, habría posibilidad de distinguir entre *cellas* y *sobrecellas* y sus variantes, pero lo que resulta incuestionable es el avance del término castellano.

11 *Cerrollo, cerrojo* están salpicados por Coruña, Pontevedra, Orense y buena parte de Lugo.

12 Claro, las formas con -*ll*- no son castellanas, sino leonesas.

Los resultados que he tratado de agrupar en esta ordenación son harto significativos, pero al intentar una recogida de carácter regional sería necesario proceder con un cuidado mucho mayor del que se ha hecho. No me refiero a problemas generales, como el del cuestionario, sino a los muchos más inmediatos de allegar la información. Tal y como está, el *ALPI* presenta numerosas dudas a las que atender. En nuestro dominio, resulta imprescindible conocer un verbo tan usual como *caer*, pues no se puede intentar una distribución aproximada de formas con los datos actuales, y menos su comprensión, pues hay castellanismos como *caer*, dialectalismos como *cayer*, formas patrimoniales como *cair*, pero en la provincia de Orense, siete de los 11 puntos investigados carecen de respuesta y falta ésta —también— en numerosas localidades de León y Zamora, que ayudarían a darnos una imagen real de los hechos.

Esta falta de cuidado, que deberíamos desterrar para siempre, ha hecho que se presenten como muy incompletos los materiales gallegos del mapa 3 *(denominación de los hablantes)* y, lo que resulta increíble, los del 49 *(cocina)*. Una palabra fundamental de cualquier léxico —*cocina*— sólo se ha preguntado en 19 de los 52 puntos investigados (ni una sola vez se ha recogido en Lugo) y sobre ella habría que hacer no pocas consideraciones fonéticas.

Hasta aquí la situación actual. Ahora hemos de ver cuáles son las tareas para el futuro. Es necesario organizar el Atlas Lingüístico de Galicia, pero con total autonomía de los que se proyecten —cualesquiera que sean— para el resto de la Península Ibérica. Y ello no por espíritu de campanario, que a nada conduce, sino por imperiosa necesidad científica. La geografía lingüística ha cubierto una serie de etapas que han conducido a la situación actual: en principio, el *ALF* de Gilliéron estableció unos fundamentos que son los que el *ALPI* siguió; después, el *AIS* de Jud y Jaberg revolucionó totalmente nuestros estudios, y mil causas de todo tipo nos mantuvieron a los españoles alejados de la innovación; ahora —con el prodigioso desarrollo de los atlas de pequeños dominios— nosotros no podemos permanecer ajenos a lo que la ciencia lingüística nos exige. Los Atlas de grandes áreas, llámense *ALPI, ALEGP, ALE,* tienen unos fines muy concretos: al abarcar grandes superficies de terreno no pueden descender a la investigación pormenorizada, porque entonces se perdería la visión de conjunto. Son empresas de síntesis y no de análisis. Entonces se borran las peculiaridades terruñeras absorbidas por la pretensión de mostrar grandes cuadros en su totalidad. Pero esto —necesario, ineludible— no hace sino dar las grandes manchas de color, en las que aún no se pueden encontrar los detalles, ni los matices apurados. Es lo que nos denuncian los comentarios que he hecho sobre el *ALPI:* por muchos que sean los materiales que se alleguen por semejante procedimiento, nunca se agotan las posibilidades. Pensemos en la información sobre el seseo y la oposición fonológica *s ∼ ce:* a pesar de que los datos son —numéricamente— suficientes, el problema no se puede interpretar de una manera correcta, pues no se le puede plantear sobre una base cuantitativa, sino en un entramado cualitativo. Si esto ocurre con un fenómeno abundantemente representado, ¿qué podemos decir de otros apenas si registrados? ¿Qué de alguno fundamental —oposición *-ao ∼ -án,* por ejemplo— ni siquiera entrevisto?

Tal y como se ha venido haciendo, la geografía lingüística de los grandes dominios está superada. Hay que intentar la creación de unos instrumentos de investigación mucho más sutiles. Para ello se idearon los Atlas regionales. Pero el riesgo que amenaza a las nuevas empresas es su atomización, y contra ella hay que precaverse. En un futuro Atlas Lingüístico de Galicia, no se podrá prescindir de todo lo que ya existe, para encontrar significado a lo que Galicia es. Por eso la investigación tendrá que orientarse en un doble sentido: **conexión con** las obras realizadas (empleo de cuestionario común) y agotamiento de las posibilidades propias (cuestionario muy característicamente regional). Esto nos enfrentará de una manera inequívoca con la realidad: de una parte, agrupación dentro del gran conjunto peninsular, románico o europeo; de otra, caracterización individualizadora. O si se prefiere con otras palabras: agrupación y diferenciación.

RESUMEN Y CONCLUSIONES

Los nuevos Atlas lingüísticos de la Romania han surgido como una necesidad de ahondar en los materiales que ofrecían las grandes compilaciones ya existentes [17]. No se trata de sustituirlos, sino de completarlos; de buscar la riqueza local, difícilmente compilada en los Atlas de grandes dominios. Tampoco, ni mucho menos, de invadir los campos que son exclusivos de la lexicografía (diccionarios dialectales), sino reflejar, por medio de la imagen cartográfica, la peculiaridad diferenciadora de una región. No olvidemos que estos Atlas de pequeño dominio no investigan «comarcas», sino territori s suficientemente extensos; de otro modo la geografía lingüística sería inoperante. Con otras palabras: Atlas de pequeños dominios con respecto a otros más grandes, pero sin que la relatividad del tamaño signifique minimaciones de los fenómenos [18].

Así, pues, los modernos Atlas románicos han abandonado las grandes empresas sintéticas para llevar a cabo otras más

---

[17] Alguna vez se ha dicho que los grandes Atlas deben preceder a los Atlas regionales. Estoy de acuerdo. Pero, ¿y cuando no existe el Atlas de un gran dominio, habrá que cercenar la actividad de los demás? Cfr. *PFLE*, I, pág. 426.

[18] Un ejemplo: Andalucía tiene una superficie de 87.329 kilómetros cuadrados; Bélgica, 30.507; Holanda, 32.450; Austria, 83.849; Suiza, 41.288; Dinamarca, 42.936; Hungría, 93.030; Irlanda, 70.283; el Portugal peninsular, 88.593 (datos del *Annuaire des Nations Unies*, 1956, págs. 32-33).

minuciosas y analíticas [19]. Unas veces para completar las obras anteriores, cubriendo lagunas; otras, con la vieja preocupación de los lingüistas: salvar de la muerte a los dialectos. Dauzat escribió taxativamente: «[cette entreprise, le *NALF*] sera sans doute la dernière, à cinquante ans de distance de l'Atlas Gilliéron: car dans un demi-siècle, au moins, les patois d'oïl auront presque tous disparu» [20]. Ahora, gracias al *NALF* tenemos un magnífico material de comparación para estudiar estos procesos [21] y, al mismo tiempo, los elementos necesarios para comprobar la exactitud de las observaciones basadas únicamente en el *ALF* [22].

A estos datos se pueden oponer las naturales reservas. Unas veces con objetividad; otras, por oposición de criterios. Para mí, la falla mayor de los Atlas regionales está en la difícil coordinación de tanto material disperso [23] y en lo minúsculo de la zona asignada a cada explorador. En contraposición, los Atlas regionales de Francia acreditan un afinamiento muy grande en todo cuanto sea conocimiento pormenorizado de cada dominio.

---

[19] Cfr. lo que digo poco más arriba a propósito del *fléau* en el *ALF* y en los *ALL* y *ALG*.

[20] *La géogr. ling.*, pág. 27, y *Préface* al *ALG*.

[21] Vid., para el sur de Francia, la información que suministra J. Boutière *(RLiR*, XII, 1936, pág. 269). En el mismo sentido pueden ser válidas las comparaciones que hago más arriba (págs. 153-156).

[22] Pienso, por ejemplo, en las observaciones de Jaberg *(Die Sprachgeographie*, págs. 8-9, *passim)* o de Gamillscheg *(Die Sprachgeographie*, páginas 11-13) sobre el proceso invasor del francés.

[23] He dicho algo de la independencia de Gardette con respecto al cuestionario de Dauzat —de hecho, el *ALL* no pertenece al *NALF*—; tampoco coincide con Séguy en la numeración de las localidades. Hubiera sido útil seguir un criterio unitario, sin que por ello hubiera que pensar en sumisión a juicios distintos de los propios. Por ejemplo, el *ALL* y el *ALG* están impresos a dos tintas (naranja y negra), de acuerdo con el *AIS:* no hubiera sido difícil llevar un poco más lejos las coincidencias técnicas.

Condicionado por los distintos planteamientos (territorios mayores o menores) está el problema de si los nuevos Atlas deben ser estrictamente fonéticos o fonológicos. En algunos dominios, como el estoniano, se ha llegado incluso a seleccionar los materiales recogidos para valorar sólo los hechos de «lengua», mientras que se desestiman los de «habla» [24]. De este modo se pueden obviar las divergencias, nada escasas, ciertamente, en las transcripciones fonéticas. Esta igualación o simplificación ha sido rechazada siempre en la tradición románica: los materiales deben entregarse sin retoques de ninguna clase [25]. Ante este hecho, continúa en pie, con plena virtualidad, la transcripción fonética pormenorizada, impresionista, de los Atlas románicos. La determinación fonológica de cada notación (esto es, cuándo el sonido se convierte en fonema) debe ser resultado de una elaboración posterior; es demasiado arriesgado pretender que el colector pueda determinarlo sobre el terreno. Sin embargo, estimo de gran utilidad la inclusión de una serie de preguntas de orientación fonológica en los actuales cuestionarios.

El conocimiento previo de los hechos fonológicos me parece necesario, tanto como las comprobaciones del cuestionario, para saber si es apto en la fonética o en el léxico; se obtendrá de este modo una mayor profundidad en los hechos de habla, e incluso una mayor perfección en las transcripciones fonéticas. El cotejo del *ALF* con los datos del *ALG* y del *ALL* es en este sentido ilustrador (vid. págs. 108-110 y 113-115). No se olvide nunca que el sonido es el elemento primario de nuestro conocimiento, sin su recto valor fallarán todas las especulaciones posteriores; pero tengamos presente que tanto lo adul-

---

[24] Vid. *La Dialectologie*, pág. 1147.
[25] Gilliéron, *Notice*, pág. 7; Jaberg, *Die Sprachgeographie*, pág. 4, etc. Valen plenamente los juicios de Jaberg acerca del método *esquemático* y del *impresionista* (vid. *Sprachatlas als Forschungsinst.*, pág. 214). Bottiglioni prefería una transcripción esquematizada; contra su opinión, véanse las págs. 94-96 de M. Companys en «Via Domitia», III.

tera la caracterización incompleta de sus rasgos distintivos como la artificiosa atomización de los hechos.

Al buscar un conocimiento más preciso de los dialectos será necesario también adaptar los interrogatorios a las nuevas necesidades (fonética, léxico). Surge así con carácter perentorio la dualidad de cuestionarios o, si se quiere de otro modo, un cuestionario dividido en dos partes: una común a todos los previsibles Atlas regionales y otra de precisa especialización. Sólo así se podrán conectar las futuras empresas de cartografía lingüística. No se olvide que un Atlas no cobra sentido completo si no se relaciona con otros vecinos, y no hay que desestimar que cualquier geografía lingüística es sólo una sincronía actual que, con los años, se convertirá en diacronía. Hay que prever empresas semejantes y pensar que, gracias a nuestro esfuerzo, los futuros investigadores podrán trabajar con menos dificultad que nosotros.

La extensión del cuestionario y la cantidad de puntos a explorar (mayor en los nuevos Atlas que en los viejos)[26] plantea, una vez más, el problema del tiempo. Si se conservan los primeros miembros de la ecuación y no se quiere alterar el tercero, será imprescindible aumentar el número de exploradores. Los inconvenientes de este hecho son obvios: aumenta el riesgo de errar, se dificulta la coherencia. Por eso hay que aceptar la necesidad de multiplicar el número de encuestadores, pero no hasta límites de indefinida proliferación. Conviene calcular previamente el número de encuestas a realizar cada año y la duración de la empresa; en función de ambas se debe establecer la proporción de colectores.

---

[26] En el *ALF* había 15 puntos donde el *ALL* tiene 75; y 56 para los 169 del *ALG*. El *ALPI* investigó 61 pueblos de Andalucía, por 230 (con un total de casi 400 encuestas) el *ALEA;* 35 en Aragón, frente a unas 125 en el *ALEAr.*

Con los nuevos planteamientos, cada equipo de trabajo explora una pequeña región[27]. Hemos visto, por otra parte, la mayor perfección que, para su dominio, tienen los Atlas regionales. Conviene, pues, afinar cuanto sea posible el instrumento de trabajo. El conocimiento del país y de todas sus posibilidades permite en los nuevos Atlas románicos suscitar cuestiones habitualmente descuidadas: la sociología lingüística, de un modo especial. He aquí un nuevo problema a resolver cuando se investigue en futuras empresas. El estado lingüístico de los diversos estratos sociales en los grandes centros urbanos y las diferencias en los pequeños núcleos[28]. No hay problemas marginales en la elección y uso del informador, sino testimonios necesarios para llegar a la propia biología del lenguaje.

Por último, la etnografía en los nuevos Atlas. Ya no es cuestión la de si deben ser sólo Atlas de palabras o, simultáneamente, de cosas. Un breve cotejo de un mapa del *ALF* con los correspondientes del *ALL* y del *ALG* y otro de varios mapas del *ALPI* y del *ALEA* nos han permitido extraer unas claras conclusiones. Su valor se acrecienta, precisamente, por tener el mismo sentido que las que nos ilustraron los mapas fonéticos. Atlas regionales y Atlas nacionales tienen alcances distintos, el descenso hasta el detalle, hasta la más fina determinación es obra y quehacer de los Atlas de pequeños dominios. También ahora salen favorecidos del cotejo.

Pero entendámonos. Los Atlas nacionales y los Atlas regionales deben coexistir y en modo alguno excluirse. El Atlas nacional dará sentido a lo que queda, como garabato de duda, en los Atlas regionales, y éstos —no he dicho otra cosa— llegan al pormenor que d e b e ser desatendido en aquéllos. No

---

[27] No se olvide la relatividad de mi expresión; cfr. nota 18 de la pág. 161.
[28] Hay que tener en cuenta que «auch die lautliche Einheit der Dorfmundart ist ein Mythus» (Jaberg, *Sprachatlas als Forschungsinstrument*, página 216). Para estas cuestiones, vid. las págs. 76-78 de este libro

quiero salir de mis ejemplos: ¿no serían disparatados siete mapas para el *mayal* en toda Francia? Pero, ¿no son convenientes los siete que le dedica el *ALL* o los cinco del *ALG?* Pienso que las cosas quedan suficientemente claras.

El futuro de los Atlas románicos parece inclinarse hacia la fragmentación territorial. En otros sitios, donde las naciones son inmensas comparadas con las de la vieja Europa, parece que no habrá otra solución más viable. Conviene, pues, para todos ir considerando las enseñanzas de nuestros predecesores; no descuidar la integración común de tanta empresa heterogénea. La Romania existe por encima de los particularismos. He aquí por qué he ejemplificado con los Atlas franceses. Del *ALF* surgió organizada la geografía lingüística tal como la entendemos. El *ALL* y el *ALG*, los primeros Atlas de la nueva cartografía, han traído las aportaciones más recientes. En Francia se podían comparar dos sincronías distintas y deducir la calidad de los nuevos frutos. Por eso he dirigido mi cuidado a valorar las recientes enseñanzas.

Los Atlas regionales tienen enormes ventajas: conocimiento depurado de las áreas que se estudian, penetración en las estructuras lingüísticas más recónditas, establecimiento seguro de isoglosas, exacta correspondencia entre las cuestiones formuladas y las respuestas obtenidas. El gran inconveniente de estas obras es que no cobran sentido sino en el conjunto, y entonces, cuando teóricamente todos los Atlas regionales se terminan, la totalidad pierde en coherencia lo que gana en autenticidad y precisión [29]. Pero conviene no dejarse deslumbrar: después de Gilliéron, ni un solo Atlas nacional ha contado con un explorador único, y lo que se ha venido haciendo —desde el *AIS* hasta el nuevo Atlas de la Academia Rumana— ha sido fragmentar cada país en estructuras regionales más o menos emparentadas.

---

[29] K. Jaberg, *Aspects géographiques du langage*, París, 1936, pág. 16.

Si unimos estas razones a otras de cronología, posibilidad de trabajar en las épocas más idóneas, facilidad de imprimir la obra, tendremos que pensar que el tiempo de los grandes Atlas nacionales —tal y como se proyectaron desde el *ALF*— posiblemente ha pasado. No basta pensar en modas, como la decadencia de la fonética, sino que la lingüística actual exige unos métodos de trabajo mucho más afinados de los que Gilliéron inventó. Cada uno podrá decidirse por el procedimiento que quiera, o que estime mejor; al fin y al cabo, los dogmas quedan fuera de la ciencia. Pero nos convendrá recordar que tras el *ALF* ya no pudo hacerse cartografía lingüística tal y como la proyectaba Weigand, pongo por caso; tras el *AIS* sería cerril intentar hacer cartografía lingüística como en tiempos de Gilliéron; tras las experiencias del *NALF* y las interrupciones o dilaciones del *ALR*, del *ALI* y del *ALPI* habrá que pensar en una tercera época de la cartografía lingüística.

ILUSTRACIONES

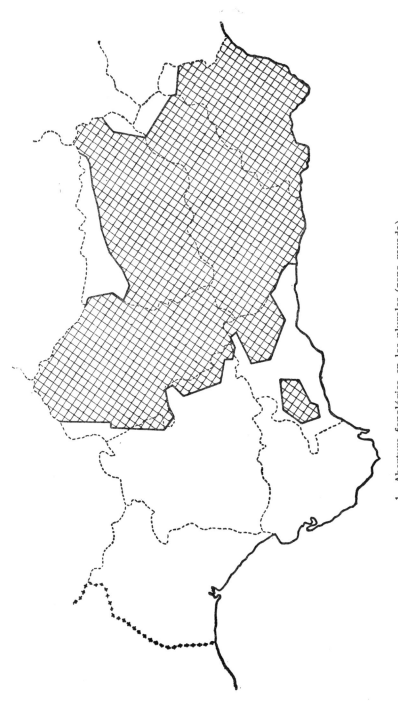

1. Abertura fonológica en los plurales (zona rayada).

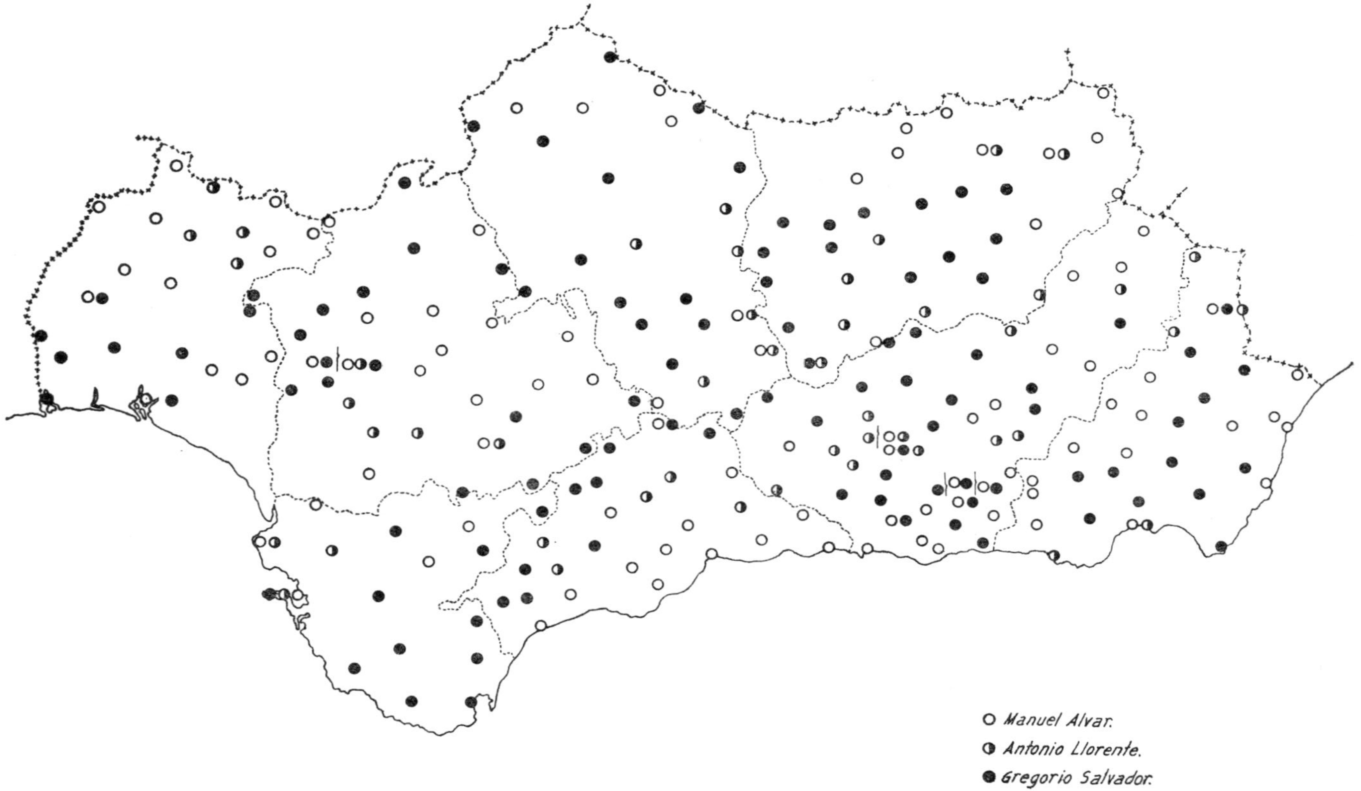

2. Exploradores del ALEA

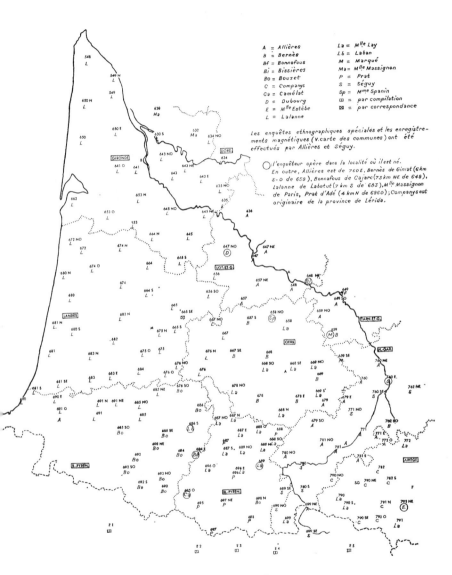

A = Allières
B = Bernès
Bf = Bonnafous
Bi = Bissières
Bo = Bouzet
C = Companys
Ca = Camélat
D = Dubourg
E = Mⁱˡᵉ Estèbe
L = Lalanne

La = Mⁱˡᵉ Lay
Lb = Laban
M = Marqué
Ma = Mⁱˡᵉ Massignon
P = Prat
S = Séguy
Sp = Mᵐᵉ Spanin
□ = par compilation
⊠ = par correspondance

Les enquêtes ethnographiques spéciales et les enregistrements magnétiques (v. carte des communes) ont été
effectués par Allières et Séguy.

○ : l'enquêteur opère dans la localité où il est né.
En outre, Allières est de 760 E, Bernès de Gimat (6 km
S-O de 659), Bonnafous de Cajarc (73 km NE de 648),
Lalanne de Labatut (7 km S de 683), Mⁱˡᵉ Massignon
de Paris, Prat d'Adé (4 km N de 6960); Companys est
originaire de la province de Lérida.

3. Exploradores del ALG.

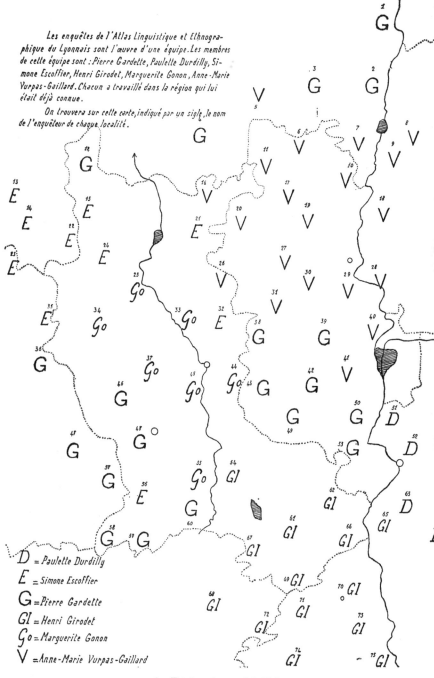

Les enquêtes de l'Atlas Linguistique et Ethnographique du Lyonnais sont l'œuvre d'une équipe. Les membres de cette équipe sont : Pierre Gardette, Paulette Durdilly, Simone Escoffier, Henri Girodet, Marguerite Gonon, Anne-Marie Vurpas-Gaillard. Chacun a travaillé dans la région qui lui était déjà connue.

On trouvera sur cette carte, indiqué par un sigle, le nom de l'enquêteur de chaque localité.

D = Paulette Durdilly
E = Simone Escoffier
G = Pierre Gardette
Gl = Henri Girodet
Go = Marguerite Gonon
V = Anne-Marie Vurpas-Gaillard

4. Exploradores del ALL.

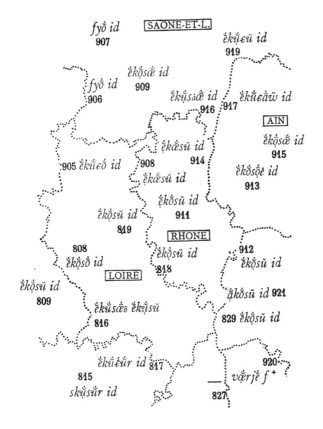

5. ALF, n.º 580: *fléau, fléaux* (Lionesado).

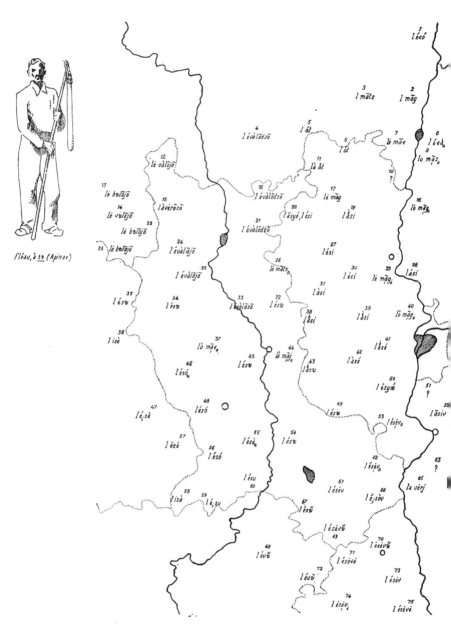

6. ALL, n.º 81: *le manche du fléau.*

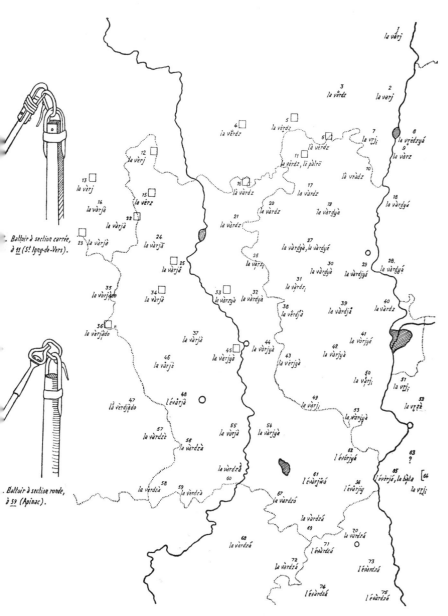

7. ALL, n.º 82: *le battoir*.

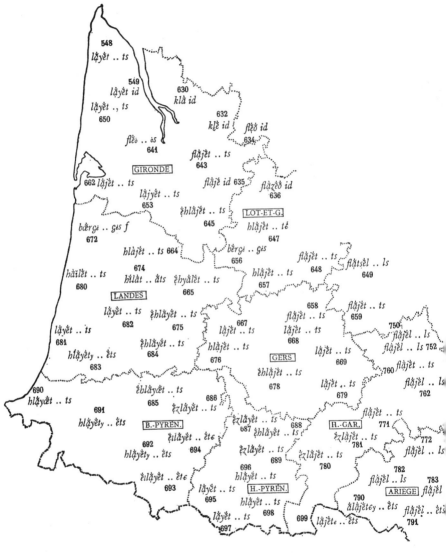

8. ALF, n.º 580: *fléau, fléaux.*

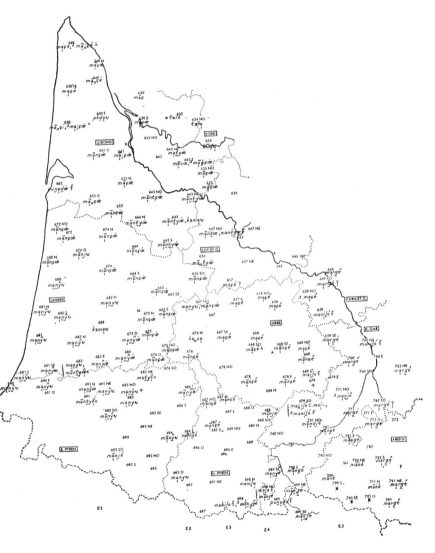

9. ALG, n.º 297: *battoir du fléau.*

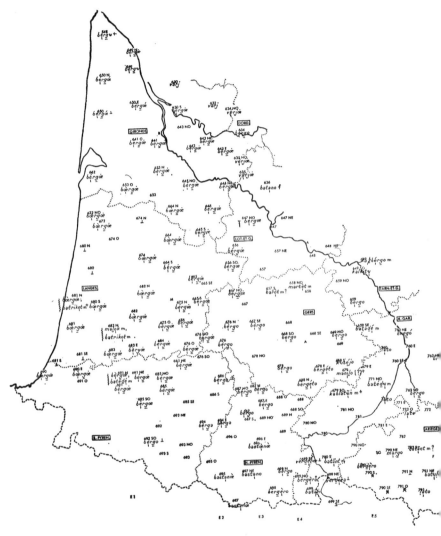

10. ALG, n.º 298: *manche du fléau.*

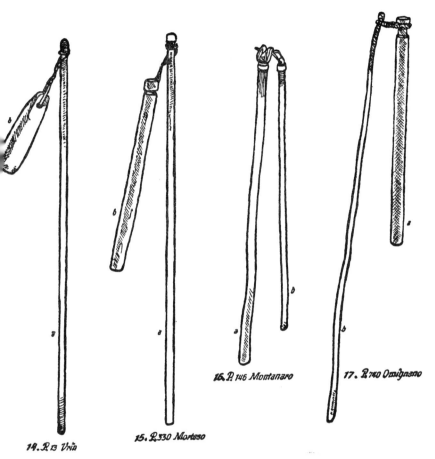

14. R 13 Vein

15. R 530 Mortsso

16. R 146 Montanaro

17. R 740 Omignano

11. AIS, n.º 1.470: *Dreschflegel*.

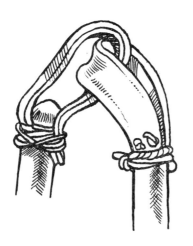

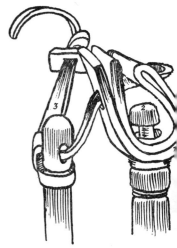

18. P. 713 Formicola: Typus A **19.** P. 146 Montanaro: Typus B

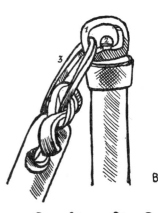

20. P. 225 Mello: Typus C **21.** P. 322 Tuenno: Typus D

12. AIS, n.º 1.470: *Bindungen.*

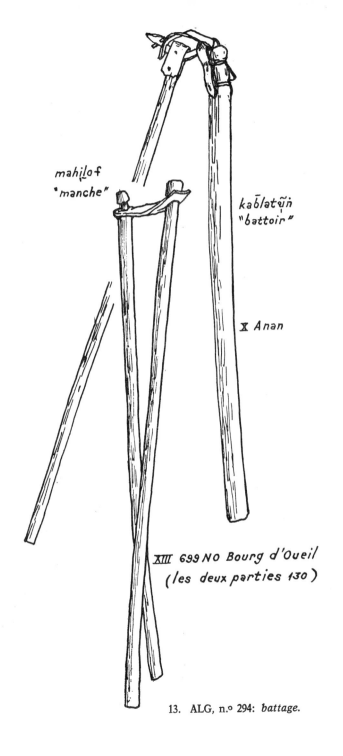

mahilof
"manche"

kablatŭ̃n
"battoir"

X Anan

XIII 699 NO Bourg d'Oueil
(les deux parties 130)

13. ALG, n.º 294: *battage.*

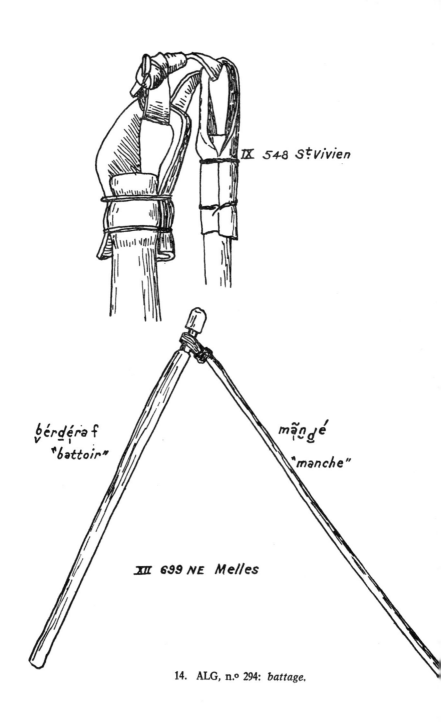

IX 548 St Vivien

bérdéraf
v   i
"battoir"

mãn̦dé
"manche"

XII 699 NE Melles

14. ALG, n.º 294: *battage.*

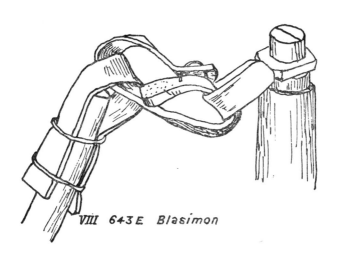

VIII 643 E Blasimon

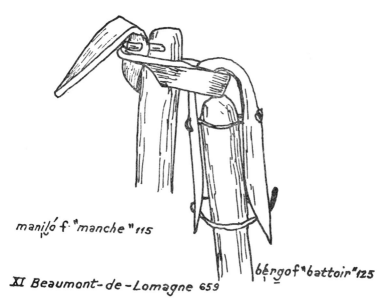

maniló f·"manche" 115

XI Beaumont-de-Lomagne 659

béngof"battoir" 125

15. ALG, n.º 294: *battage.*

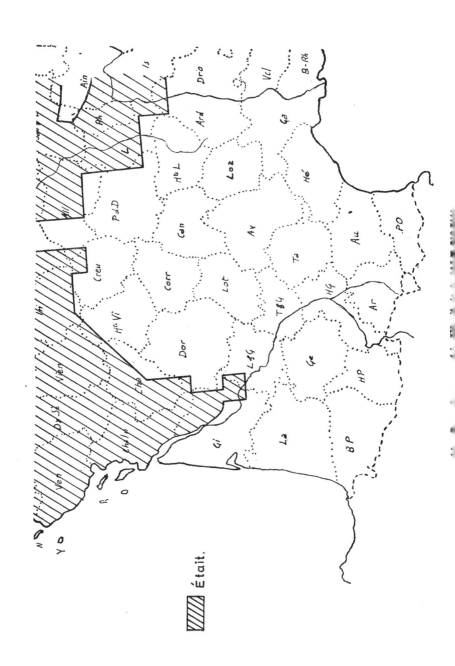

Était.

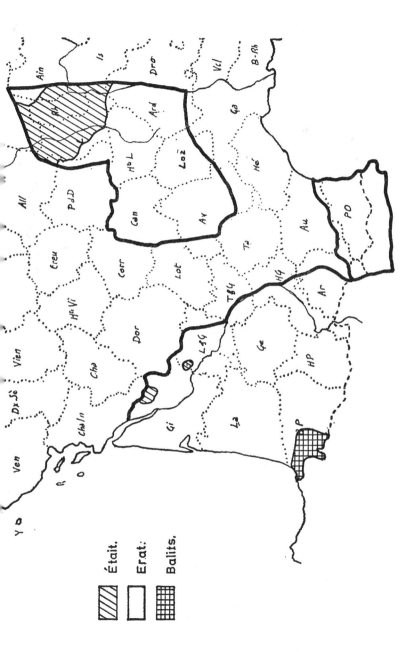

17. *Il était* (ALG 944, ALL 1.270, ALMC 1.888, ALPO 230).

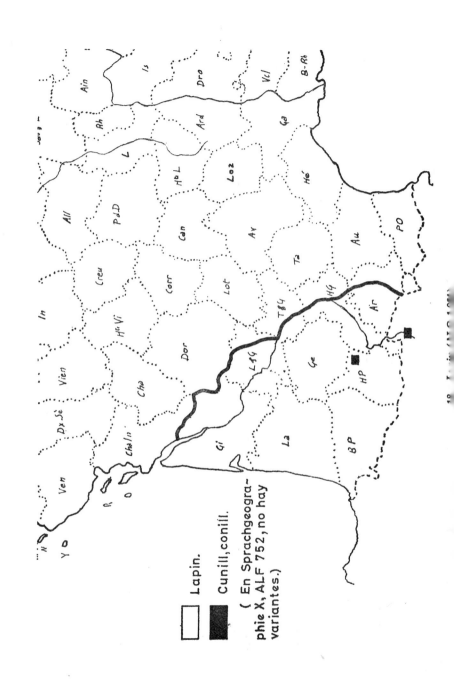

Lapin.

Cunill, conill.

(En Sprachgeogra-
phie X, ALF 752, no hay
variantes.)

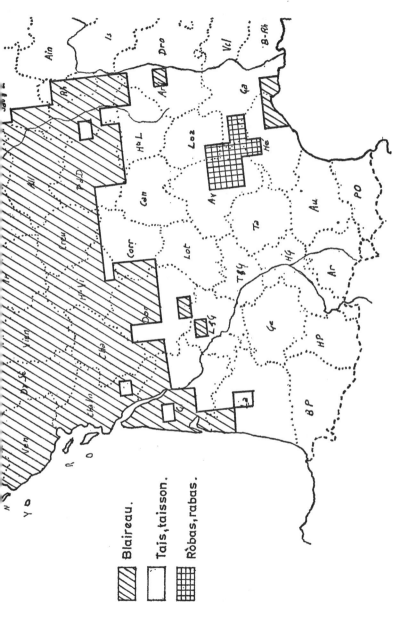

19. *Sprachgeographie VI: blaireau (ALF 134).*

Blaireau.

Tais, taisson.

Ròbas, rabas.

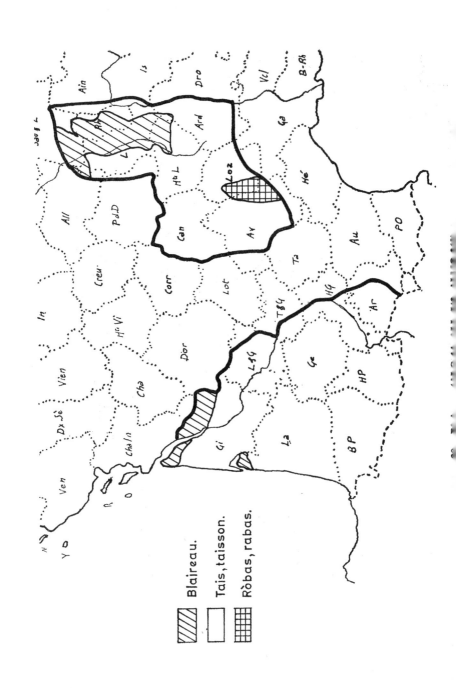

Blaireau.

Tais, taisson.

Ròbas, rabas.

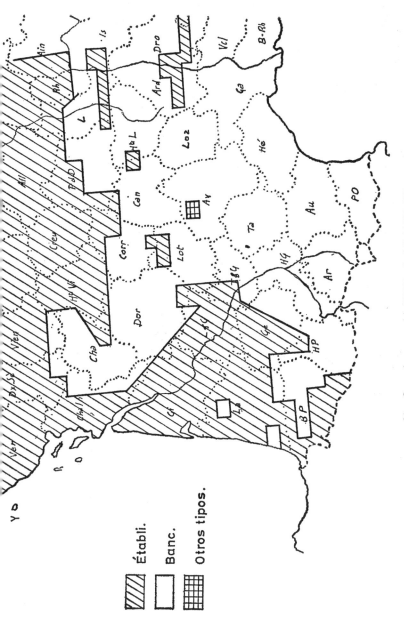

21. *Sprachgeographie VIII: établi* (ALF 488).

Établi.

Banc.

Otros tipos.

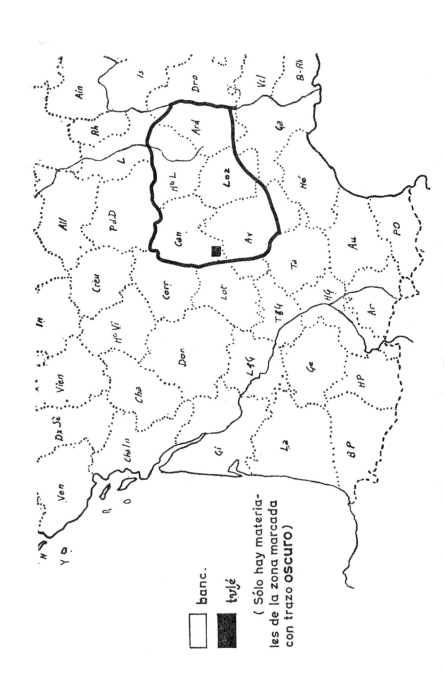

banc.

tylé

(Sólo hay materia-
les de la zona marcada
con trazo **oscuro**)

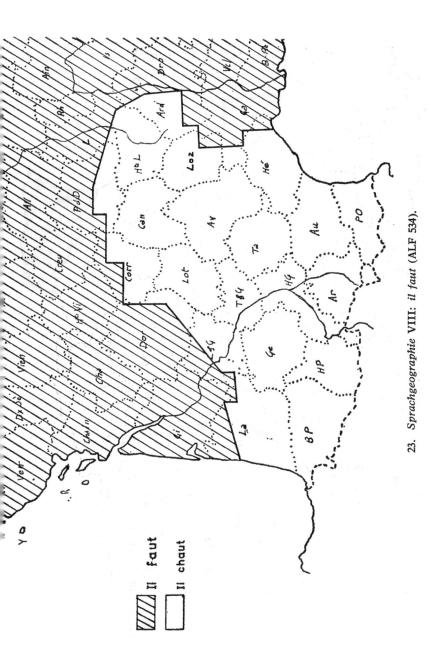

23. *Sprachgeographie VIII: il faut* (ALF 534).

Il **faut**

Il chaut

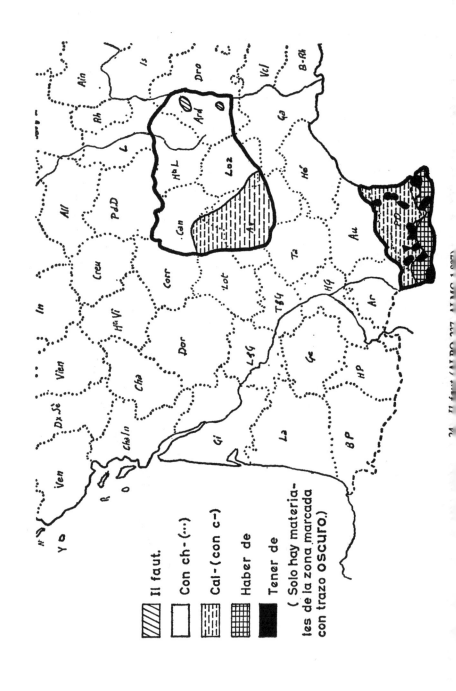

Il faut.

Con ch- (···)

Cal- (con c-)

Haber de

Tener de

(Solo hay materia-
les de la zona marcada
con trazo OSCURO.)

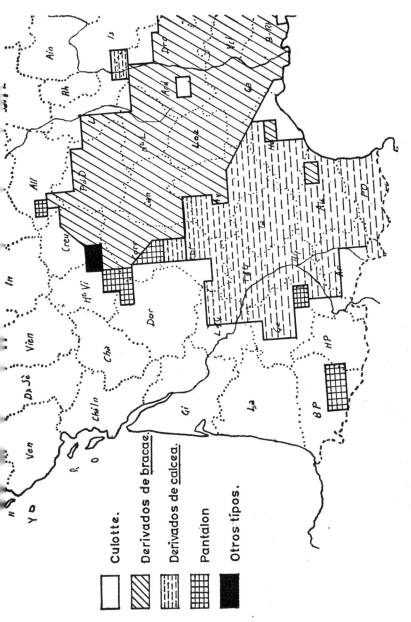

25. *Sprachgeographie IX: culotte* (ALF 373).

Culotte.

Derivados de bracae.

Derivados de calcea.

Pantalon

Otros tipos.

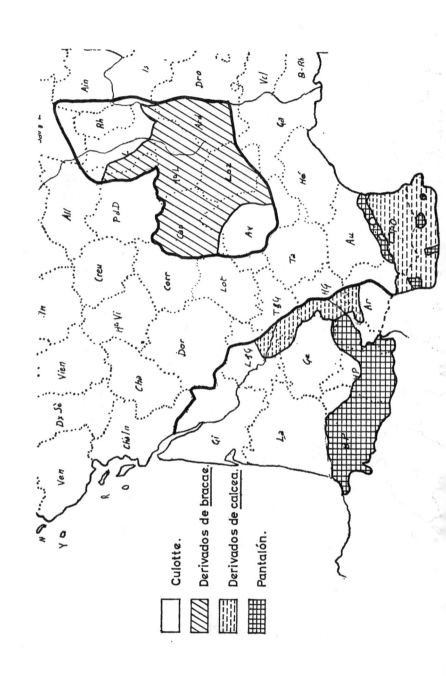

Culotte.

Derivados de bracae.

Derivados de calcea.

Pantalón.

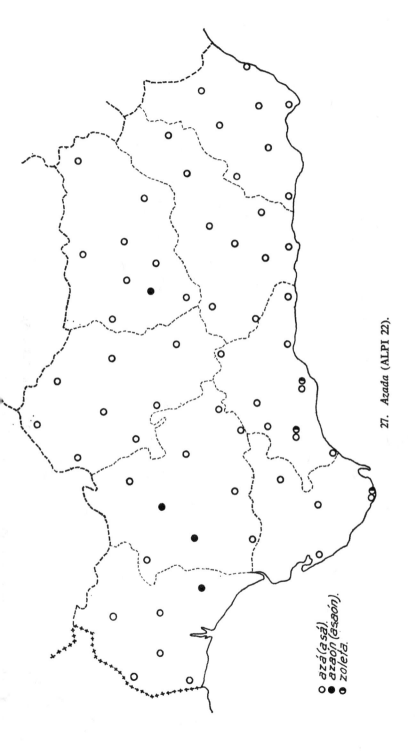

○ azá (a sá).
● azaón (àsaón).
○ zoleta.

27. *Azada* (ALPI 22).

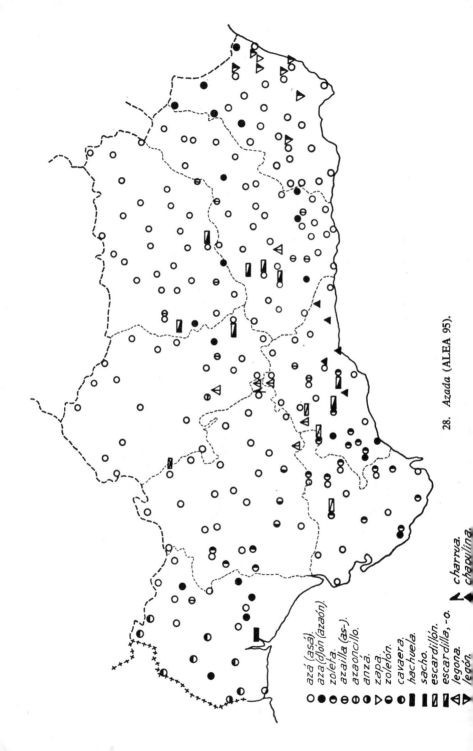

28. *Azada* (ALEA 95).

azá (asá).
aza (djon (azaón).
zo/ela.
azailla (as-).
azaoncillo.
anzá.
zapa.
zoielón.
cavaera.
hachuela.
sacho.
escardilla, -o.
legona.
legón.
charrua.
chapulina.

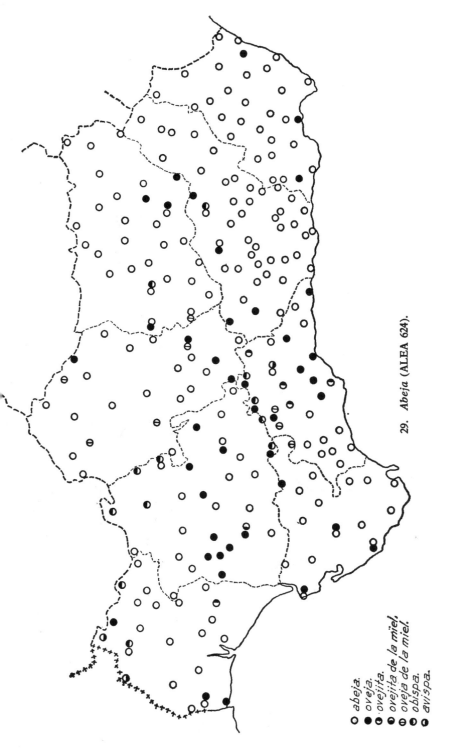

29. Abeja (ALEA 624).

○ abeja.
● oveja.
◑ ovejita.
⊖ ovejita de la mïel.
◐ oveja de la mïel.
◓ obispa.
⬤ avispa.

30. *Abeja* (ALPI 6).

○ *abeja.*
● *oveja.*

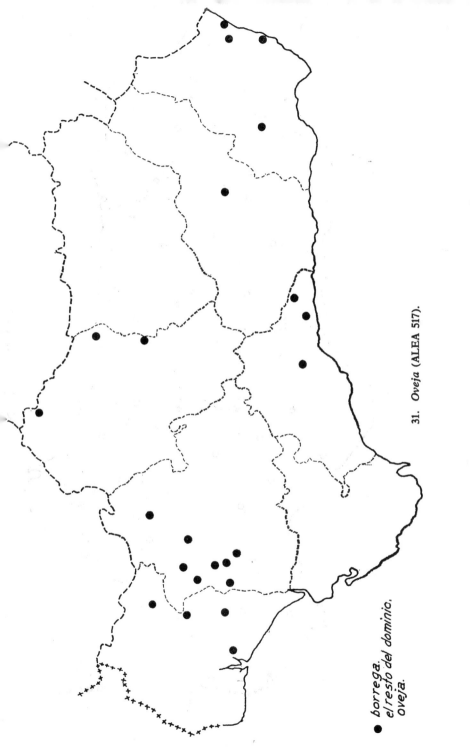

31. Oveja (ALEA 517).

● borrega.
el resto del dominio.
oveja.

32. *Avispa* (ALPI 19).

○ *obispa.*
● *soterreña.*
◐ *avispa.*
◑ *tabarr(er)a.*
◕ *tabarro.*

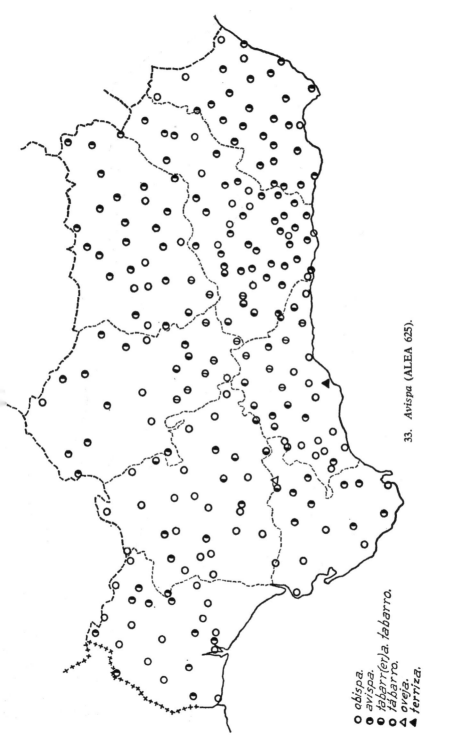

33. *Avispa* (ALEA 625).

○ *obispa.*
◐ *avispa.*
◑ *tabarr(er)a, tabarro.*
◒ *tábarro.*
△ *oveja.*
▲ *terniza.*

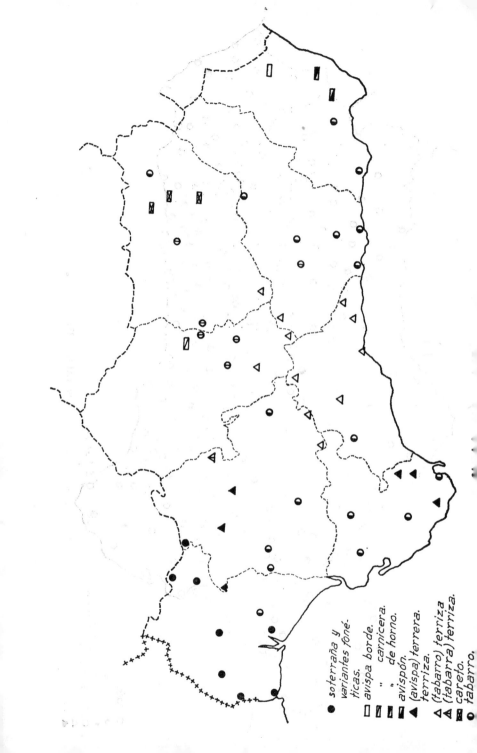

soterraña y variantes fonéticas.

avispa borde.

" carnicera.

" de horno.

avispón.

(avispa) terrera.
terriza.

(tabarro) terriza

(tabarra) terriza.

careto.

tabarro.

36. Azuda de Alcantarilla (Murcia).

35. Azuda de Hama (Siria).

37. Azuda de Castro del Río (Córdoba).

38. *Añeclines* de Écija (Sevilla).

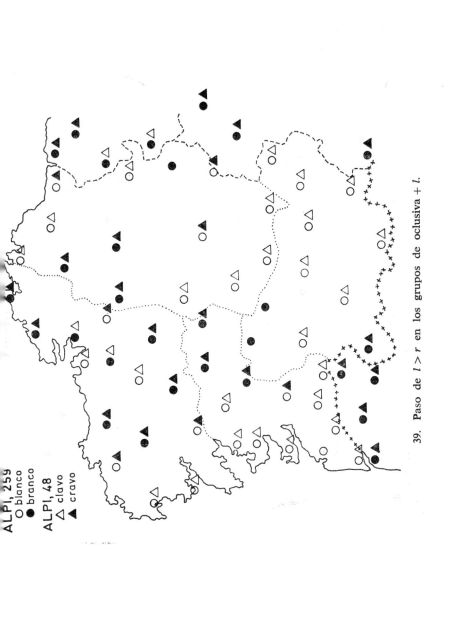

ALPI, 259
○ blanco
● branco

ALPI, 48
△ clavo
▲ cravo

39. Paso de *l* > *r* en los grupos de oclusiva + *l*.

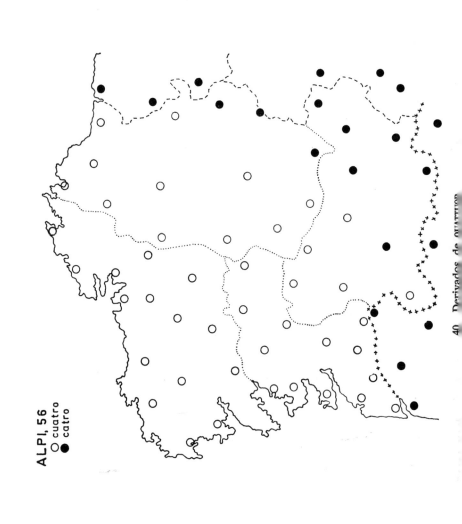

ALPI, 56
○ cuatro
● catro

40 Derivados de cuatro

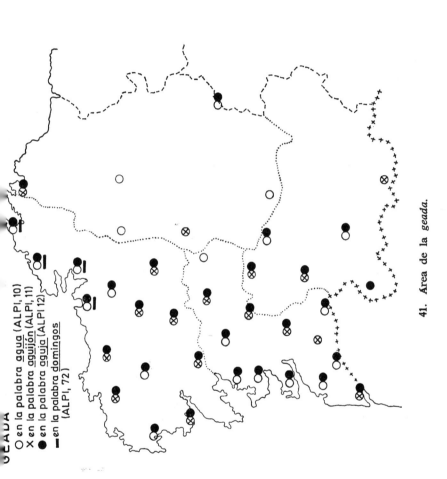

GEADA

○ en la palabra agua (ALPI, 10)
✕ en la palabra agujón (ALPI, 11)
● en la palabra aguja (ALPI 12)
▬ en la palabra domingos
     (ALPI, 72)

41. Area de la *geada*.

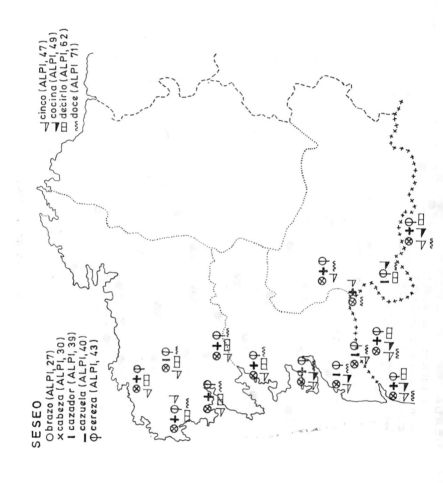

SESEO

○ brazo (ALPI, 27)
× cabeza (ALPI, 30)
ı cazador (ALPI, 39)
— cazuela (ALPI, 40)
φ cereza (ALPI, 43)

⌐ cinco (ALPI, 47)
⊥ cocina (ALPI, 49)
⊞ decirlo (ALPI, 62)
∾ doce (ALPI 71)

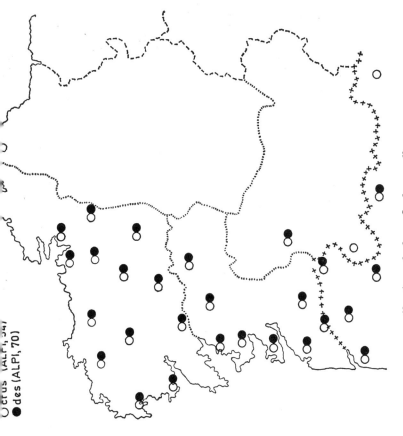

43. Área de la -s final en gallego.

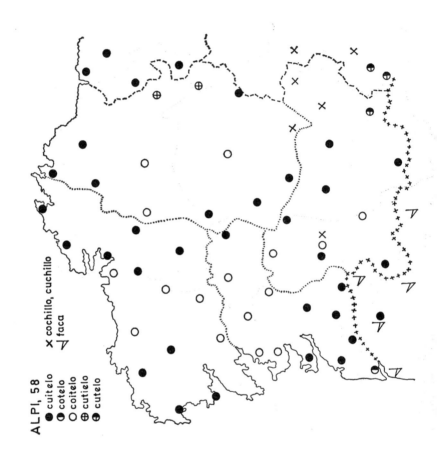

ALPI, 58

● cuitelo
◐ cotelo
○ coitelo
⊕ cutielo
◑ cutelo

✕ cochillo, cuchillo
⊻ faca

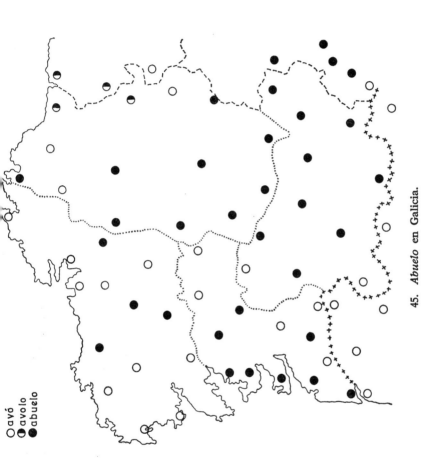

45. *Abuelo* en Galicia.

○ avó
◑ avolo
● abuelo

ÍNDICES

ÍNDICE DE GRÁFICOS

ÍNDICE DE SIGLAS

BALM	_Bolletino dell'Atlante Linguistico Mediterraneo_ (Venecia).
BFiL	_Boletim de Filologia_ (Lisboa).
CIL	Congrès Internacional de Linguistique.
CILPhR	Congrès International de Linguistique et Philologie Romanes.
CUCh	_Cuadernos de la Universidad de Chile_ (Santiago de Chile).
EDMP	_Estudios dedicados a Menédez Pidal_ (Madrid).
ELH	_Enciclopedia Lingüística Hispánica_ (Madrid).
_FD_	_Fonetică și Dialectologie_ (Bucarest).
Fil	_Filología_ (Buenos Aires).
MALR	E. Petrovici, _Micul atlas lingvistic romîn._ Cluj, 1938-1940. La _Serie nouă_, comenzó a publicarse en Cluj, 1956.
NALR	_Noul Atlas linguistic român pe regiuni._
NALF	_Nouvel atlas linguistique de la France par régions._
NRFH	_Nueva Revista de Filología Hispánica_ (México).
PALA	_Publicaciones del Atlas Lingüístico de Andalucía_ (Granada).
PFLE	_Presente y futuro de la lengua española._ Madrid, 1964.
PLG	_Probleme de Lingvistică Generale_ (Bucarest).
RABM	_Revista de Archivos, Bibliotecas y Museos_ (Madrid).
RDTP	_Revista de Dialectología y Tradiciones Populares_ (Madrid).
RFE	_Revista de Filología Española_ (Madrid).
RFH	_Revista de Filología Hispánica_ (Buenos Aires).
RFHC	_Revista de la Facultad de Humanidades y Ciencias_ (Montevideo).
_RL_	_Revue de Linguistique_ (Bucarest).
RLFE o _RLFEC_	_Revista do Laboratório de Fonética Experimental_ (Coimbra).
RLiR	_Revue de Linguistique Romane_ (París).
RPh	_Romance Philology_ (Berkeley).
SCL	_Studii și cercetări lingvistice_ (Bucarest).
StN	_Studia Neophilologica_ (Estocolmo).
TCLP	_Travaux du Cercle Linguistique de Prague._
UCLA	University of California at Los Angeles.
_VD_	_Via Domitia_ (Toulouse).
_VR_	_Vox Romanica_ (Zurich).
ZRPh	_Zeitschrift für romanische Philologie._

ÍNDICE DE AUTORES

ÍNDICE DE PALABRAS Y DE TEMAS

ÍNDICE GENERAL

Págs.

BIBLIOTECA ROMÁNICA HISPÁNICA

Dirigida por: Dámaso Alonso

I. TRATADOS Y MONOGRAFÍAS

II. ESTUDIOS Y ENSAYOS

40. Emilio Carilla: *El Romanticismo en la América hispánica*. Segunda edición revisada y ampliada. 2 vols.

41. Eugenio G. de Nora: *La novela española contemporánea (1898-1967)*. Premio de la Crítica. 3 vols.

42. Christoph Eich: *Federico García Lorca, poeta de la intensidad*. Segunda edición revisada. 206 págs.

43. Oreste Macrí: *Fernando de Herrera*. Segunda edición corregida y aumentada. 696 págs.

44. Marcial José Bayo: *Virgilio y la pastoral española del Renacimiento (1480-1550)*. Segunda edición. 290 págs.

45. Dámaso Alonso: *Dos españoles del Siglo de Oro*. Reimpresión. 258 págs.

46. Manuel Criado de Val: *Teoría de Castilla la Nueva (La dualidad castellana en la lengua, la literatura y la historia)*. Segunda edición ampliada. 400 págs. 8 mapas.

47. Ivan A. Schulman: *Símbolo y color en la obra de José Martí*. Segunda edición. 498 págs.

49. Joaquín Casalduero: *Espronceda*. Segunda edición. 280 págs.

51. Frank Pierce: *La poesía épica del Siglo de Oro*. Segunda edición revisada y aumentada. 396 págs.

52. E. Correa Calderón: *Baltasar Gracián. Su vida y su obra*. Segunda edición aumentada. 426 págs.

53. Sofía Martín-Gamero: *La enseñanza del inglés en España (Desde la Edad Media hasta el siglo XIX)*. 274 págs.

54. Joaquín Casalduero: *Estudios sobre el teatro español*. Tercera edición aumentada. 324 págs.

55. Nigel Glendinning: *Vida y obra de Cadalso*. 240 págs.

57. Joaquín Casalduero: *Sentido y forma de las «Novelas ejemplares»*. Segunda edición corregida. 272 págs.

58. Sanford Shepard: *El Pinciano y las teorías literarias del Siglo de Oro*. Segunda edición aumentada. 210 págs.

60. Joaquín Casalduero: *Estudios de literatura española*. Tercera edición aumentada. 478 págs.

61. Eugenio Coseriu: *Teoría del lenguaje y lingüística general (Cinco estudios)*. Tercera edición revisada y corregida. 330 págs.

62. Aurelio Miró Quesada S.: *El primer virrey-poeta en América (Don Juan de Mendoza y Luna, marqués de Montesclaros)*. 274 págs.

63. Gustavo Correa: *El simbolismo religioso en las novelas de Pérez Galdós*. Segunda edición, en prensa.

172. Benito Brancaforte: *Benedetto Croce y su crítica de la literatura española*. 152 págs.

173. Carlos Martín: *América en Rubén Darío (Aproximación al concepto de la literatura hispanoamericana)*. 276 págs.

174. José Manuel García de la Torre: *Análisis temático de «El Ruedo Ibérico»*. 362 págs.

175. Julio Rodríguez-Puértolas: *De la Edad Media a la edad conflictiva (Estudios de literatura española)*. 406 págs.

176. Francisco López Estrada: *Poética para un poeta (Las «Cartas literarias a una mujer» de Bécquer)*. 246 págs.

177. Louis Hjelmslev: *Ensayos lingüísticos*. 362 págs.

178. Dámaso Alonso: *En torno a Lope (Marino, Cervantes, Benavente, Góngora, los Cardenios)*. 212 págs.

179. Walter Pabst: *La novela corta en la teoría y en la creación literaria (Notas para la historia de su antinomia en las literaturas románicas)*. 510 págs.

180. Antonio Rumeu de Armas: *Alfonso de Ulloa, introductor de la cultura española en Italia*. 192 págs.

181. Pedro R. León: *Algunas observaciones sobre Pedro de Cieza de León y la Crónica del Perú*. 278 págs.

182. Gemma Roberts: *Temas existenciales en la novela española de postguerra*. 286 págs.

183. Gustav Siebenmann: *Los estilos poéticos en España desde 1900*. 582 págs.

184. Armando Durán: *Estructura y técnicas de la novela sentimental y caballeresca*. 182 págs.

185. Werner Beinhauer: *El humorismo en el español hablado (Improvisadas creaciones espontáneas)*. Con un prólogo de Rafael Lapesa. 270 págs.

186. Michael P. Predmore: *La poesía hermética de Juan Ramón Jiménez (El «Diario» como centro de su mundo poético)*. 234 págs.

187. Albert Manent: *Tres escritores catalanes: Carner, Riba, Pla*. 338 páginas.

188. Nicolás A. S. Bratosevich: *El estilo de Horacio Quiroga en sus cuentos*. 204 págs.

189. Ignacio Soldevila Durante: *La obra narrativa de Max Aub (1929-1969)*. 472 págs.

190. Leo Pollmann: *Sartre y Camus (Literatura de la existencia)*. 286 páginas.

OBRAS DE OTRAS COLECCIONES